8년차 김대위는 어떻게 집 3채를 샀을까?

김지석 지음

8년차 김대위는 어떻게 집 3채를 샀을까?

군인을 위한 내집 마련 첫걸음

어깨 위 망원경

| 추천사 |

리치비 님

나는 열세 살 동생인 김지석 대위를 존경한다. 서른이 넘었는데도 아파트 매물 하나 검색할 줄 모르는 군인들과 가족들을 보며 내심 답답한 마음으로 군 복무를 하고 있을 때였다. 우리는 군복을 입고 강원도 양구에서 만났다.

김지석 대위는 예의, 성실, 똑똑함을 모두 갖춘 사람이었다.

나는 인간 김지석이 너무 마음에 들었다. 그는 많은 일을 스마트하게 해낼 수 있고, 따뜻한 영향력을 펼칠 수 있는 사람으로 보였다. 그리고, 이미 동년배 군인들보다 경제적 식견과 지식, 경험이 월등히 앞서 있었다. 그런 그에게 군인들에게 필요한 지식을 알리며 살자고 제안하고, 나의 꿈을 설명했다. 그러자 그는 말했다. "너무 즐거울 것 같습니다."

그렇게 2023년 여름에 우리는 남은 인생을 함께 가기로 했다. 계산된 이해관계가 아니라, 순전히 꿈꾸는 행복이 같기 때문이었다. 그는 자신만의 색깔을 정말 빨리 찾았다. 다른 사람이었다면 심히 두려워했을 것을 그는 즐겁게 하고 있다. 대부분 힘들어했을 것을 보람을 느끼며 하고 있다. 그의 집요함과 통찰력은 부동산 시장에서 놀라운 분석 능력으로 보여주고 있다. 8년 차가 된 현역 군인이 자산 10억 원을 가지고 있다는 점은 분명 그가 탁월한 선택을 이어가고 있다는 것을 증명하는 것이다.

나는 그런 부동산 지식을 갖추기까지 10년이 넘게 걸렸다.

그는 아직 현역이기에 아무런 대가 없이 군인들과 가족들에게 가르쳐 주고 있다. 그렇기에 김지석 대위가 하고 있는 일이 얼마나 가치 있는 일인지 알고 있다. 그리고 그는 자신이 나누어야 성공한다는 것을 알고 있다. 이 세상에 무언가 이로운 것을 제공하는 것이 성공과 행복이라고 생각하기 때문이다. 그래서 나는 열세 살 동생인 김지석 대위를 존경한다.

김지석 대위를 만난 것은 운일 수 있어도, 이 책은 운을 다루지 않는다. 철저히 과학적이며 근거에 기반한다. 어차피 부동산은 사야 한다. 저자는 우리에게 가장 좋은 선택을 하는 방법을 알려준다.

- 『군인은 어떻게 부자가 될 수 있을까』의 저자이자 드림벙커 출판사의 대표 Rich Bee

노영호 님

　대한민국을 지키는 군인 여러분, 혹은 군인을 가족이나 친구, 지인으로 두고 계시는 분들도 좋습니다. 여러 군인의 헌신과 노고에 깊은 존경과 감사를 표합니다. 나라를 위해 헌신하는 여러분에게 안정적인 미래를 설계하는 것은 매우 중요한 과제라고 할 수 있습니다. 특히, 부동산 투자는 장기적인 관점에서 안정적인 자산 증식과 노후 준비를 위한 핵심적인 수단이 될 수 있습니다.

　이 책은 군인이라는 특수한 환경 속에서 어떻게 부동산 투자를 효과적으로 할 수 있는지에 대해서 작가 본인의 경험을 바탕으로 명쾌한 해답을 제시합니다.

　본인이 8년 전 강원도 양구에서 대대장을 할 당시, 김지석 작가님은 저와 함께 전방에서 근무했던 전우이고 동지였습니다. 당시에 저는 여러 전우들에게 군인으로의 장점을 알려주면서 빨리 내 집을 장만하고 안정적인 군 생활을 하라고 대화를 많이 하였습니다. 그랬었는데 어느덧 8년이 지나고 당시의 앳된 청년은 이제 한 가정의 가장이 되어 있습니다. 김 대위는 그 8년이라는 시간이 흐르는 동안 부동산을 공부하고 미래를 준비하였습니다. 이제 마침내 내 집 마련을 하고 그 노하우를 책으로 집필하기까지 하니, 실로 청출어람이라 할 만합니다.

저자는 오랜 경험과 전문성을 바탕으로 군인들이 놓치기 쉬운 부동산 투자의 함정을 피하고, 성공적인 투자를 위한 핵심 전략들을 알기 쉽게 설명합니다.

이 책은 단순히 부동산 투자의 이론적인 지식만을 전달하는 것이 아니라, 군인 여러분이 실제 투자에 성공할 수 있도록 실질적인 도움을 주는 데 초점을 맞추고 있습니다. 여러 명의 실제 군인들이 인생계획을 수립하고 좌충우돌 부딪치며 내 집을 마련하고 안정된 미래를 위해 한 발 한 발 내딛는 스토리를 읽다 보면 어느새 완전히 젖어드는 나 자신을 발견할 수 있을 것입니다.

이 책을 통해 군인 여러분은 부동산 투자에 대한 두려움을 극복하고, 성공적인 투자를 통해 안정적인 미래를 설계할 수 있을 것입니다. 모든 군인 여러분이 안정적인 미래를 설계할 수 있기를 진심으로 응원합니다.

-『군인가족 내집마련 표류기』저자 노영호

방탄노른자 님

 공자는 "아는 사람은 좋아하는 사람만 못하고, 좋아하는 사람은 즐기는 사람만 못하다."라고 했습니다. 저자는 단순히 부동산 투자를 좋아하는 것을 넘어, 군인들이 주택을 매수하도록 돕는 일을 즐기는 사람입니다. 그는 매일 부동산 입지분석과 경매 스터디를 이끌며, 군인들이 내 집을 마련할 수 있도록 돕는 데 아낌없이 시간을 투자합니다. 실전에서 쌓아온 경험과 노하우를 직접 나누는 그의 모습에서 진정한 사명감과 즐거움이 느껴집니다. 진심과 열정이 없었다면 결코 할 수 없는 일이죠. 그가 걸어온 길을 지켜본 저는, 그를 '무주택 군인의 라이프가드'라 부릅니다.
 이 책은 저자가 연구하고 경험에서 체득한 군인들의 부동산 투자 원칙과 내 집 마련 방법을 담았습니다. 안정적인 자산 형성을 꿈꾸는 군인들에게 이 책이 든든한 나침반이 되어줄 것입니다.

| 부동산 및 경매스터디 수강생 후기 |

직장인 원더보이 님

　직업 군인들에게 집이란 어떤 의미를 주는지 생각해 봅니다. 제게는 낡은 관사, 오래된 독신 숙소, 곰팡이가 피어있는 아파트 등의 노후화된 느낌을 줍니다. 그러나 달리 생각해 보면, 전세나 월세를 많이 내지 않고, 단지 직업 군인이라는 이유 하나만으로 관사, 간부 숙소 등의 숙소 지원을 받는 것입니다. 낡았다는 이유로 불평만 한다면 더 이상 할 말은 없지만, 오히려 이를 잘 이용한다면 좋은 기회가 될 수 있습니다. 주식도 모두가 읽는 바이블과 같은 책이 있는 것처럼, 부동산에서도 역시 잘 정립된 책이 있습니다. 그런 면에서 다른 일반 직장인이 아닌 군인, 특히 그중에서도 직업 군인(간부)을 위한 내 집 마련 가이드를 준다는 것은 큰 선물인 듯합니다. 이제 앞으로는 군 생활을 하면서 모든 직업 군인들이 이 책을 읽은 사람과 읽지 않은 사람으로 나뉘게 될 것입니다. 단순히 ○○지역 부동산을 사라는 것이 아니라, 부동산 투자를 하기 위해서 어떤 부분을 알아야 하며, 왜 직업 군인이 내 집 마련을 하는데 좋은 선택지를 쥐고 있는지 방향성을 제시해 줍니다. 부동산은 돈이 많아야 살 수 있으며, 담보대출을 하게 되면 이자에 대한 부담이 생길 것이라는 걱정만 가진 채로 살아 간다면 직업 군인으로서 처하게 되는 경제적 처지는 월급을 받는 그 수준에 머물러있을 것입니다. 그러나 이제 걱정하지 마세요. 무서워 하지 마세요. 직업 군인의 장점은 직업의 안정성을 고려해서 은행에서 신용도를 높게 평가하기에 대출이 잘 나온다는 점이며, 거주 공간을 제공해 준다는 점입니다. 이를 이용하면서 최대의 효과를 산출하려면 자유시간 투자자 님께서 작성하신 『8년차 김대위는 어떻게 집 3채를 샀을까?』를 바이블로 여기고 원하는 지역의 부동산을 가지기 위해 한 걸음 내딛으셨으면 합니다.

청춘양구 님

이 책에는 저자이신 자유시간 투자자 님이 현역으로 복무하면서 내 집을 마련하기까지의 이야기와 노하우가 담겨있습니다. 저는 그의 변화하고 성장하는 모습을 9년 동안 가까이서 지켜봤으며, 이 책을 읽는 것이 우리 군인분들이 내 집을 마련하는 가장 **빠른** 지름길임을 자부합니다.

이 책을 보시는 분들에게 꼭 해주고 싶은 이야기가 있습니다. "내 주변을 돌아보자!" 시야를 넓히고 보면, 내 주변에는 정말로 엄청난 사람들이 많습니다. 그 사람들을 질투하고 시기하는 눈이 아닌, "저 사람들처럼 부의 길을 가려면 나는 어떻게 해야 하는가?"를 먼저 생각하고, 나의 길을 정해보는 건 어떨까요?

저 또한 좁은 시야로 내가 만든 울타리 안에 갇혀 살아왔습니다. 그 울타리를 허물고 나올 수 있게 해준 분이 바로 자유시간 투자자님이었습니다. 이처럼 우리 주변에는 변화의 시도에 앞장서 선한 영향력을 베풀고 계시는 분들이 참 많습니다.

그의 선한 영향력이 가득 담겨 있는 이 책이야말로 우리 군인들이 자산을 형성하고 내 집을 마련하는 데 가장 큰 도움이 된다고 자부할 수 있습니다. 아무쪼록 자유시간 투자자 님의 선한 영향력을 받아 모든 군인 분들이 부동산 투자의 첫걸음을 내디뎠으면 좋겠습니다.

이현사 님

저는 20년 가까이 군 생활을 하면서도 경제적 문외한으로 무지하게 살아온 직업 군인입니다. 그저 부모님이 입이 닳도록 말씀하셨던 "빚지지 말아라", "적금이 최고다"를 실천하고 살아왔습니다. 그런 저에게 내 집 마련이란 먼 훗날 꿈과 같은 이야기였습니다. 열심히 아끼고 저축하며 성실히 살다 보면 전역할 때쯤에는 내 집 하나는 있겠지 하는 그런 막연한 기대가 있을 뿐이었습니다. 군인이 세상 물정 모른다는 말은 적어도 제게는 사실이었습니다.

사람이 변하기 위해서는 특별한 계기가 있어야 한다고 합니다. 1년 전 자유시간 투자자 작가님과의 만남은 저에게 아주 특별한 계기였습니다. 스터디로 시작한 작은 인연은 자본주의의 가치를 깨닫게 해주었고 세상을 바라보는 관점을 달리하게 되었습니다. 짧은 인생, 그저 성실한 군인으로만 살아가기에는 너무 아쉽지 않습니까? 군인이라는 공통점을 가진 사람으로서 다른 삶을 사는 자유시간 투자자의 공략집을 꼭 한번 읽어보기를 바랍니다.

이 책은 군인의 내 집 마련 그 이상의 가치를 담고 있습니다. 자유시간 투자자. 그의 닉네임처럼 많은 군인들이 진정한 시간의 자유를 누릴 수 있는 군인이자 투자자가 되기를 바랍니다.

루키파일럿 님

군 생활 20년을 눈앞에 두고 있는 현역 장교입니다. 저는 부동산에 대한 지식이 전혀 없는 터라 부동산 투자가 정말 겁이 났습니다. 왜냐고요? 수억 원 혹은 거의 전 재산을 들여야만 가능하다는 생각에 정말 무섭고 두려워서 발을 내딛지 못했습니다. 그러던 중 「리치군인」 카페에서 자유시간 투자자 님을 만났고, 그를 통해 많은 것을 배웠습니다.

이 책은 저자가 알려주고 싶은 모든 것을 담아 놨습니다. '부동산은 입지다'라는 모토로 입지분석을 위한 툴과 노하우를 공유하고 있습니다. SNS에서 광고하는 수많은 유료 강의들을 무색하게 만들 정도의 콘텐츠가 가득합니다. 특히, 부동산 초보라면 이 책을 통해 나도 할 수 있겠다는 생각을 갖게 되실 것입니다. 의심 많고 모르는 것

투성이인 나조차도 변했으니 드리는 말씀입니다.

혹자는 왜 이런 노하우를 공유할까, 어떻게 아무런 대가 없이 알려주는 걸까 궁금해합니다. 책에서도 잘 표현되어 있지만 그는 진정한 기버(Giver)입니다. 그리고 진정 군인들이 자유를 얻기를 바라고 있습니다. 그것은 저를 포함하여 그에게 배운 수많은 스터디 멤버들이 보장합니다. 다들 저마다의 이유와 사정으로 비록 이 책에 실릴 만한 재테크 성과는 없지만 지금도 그가 알려 준 대로 공부를 하며 한발씩 나아가고 있습니다.

여러분, '군인도 부자가 될 수 있습니다.' 프레임을 바꾸고 그가 알려주는 많은 이야기를 실천해 보신다면 달라져 있는 자신을 발견할 것입니다. 두려워하지 마세요.

열심히군인 님

'부동산 초보 군인의 나침반이 되어줄 책'

안녕하십니까? 저는 현역으로 복무 중인 임관 12년 차 부사관입니다. 저는 지난 24년 9월, 자유시간 투자자 님의 부동산 스터디에 참여하여 함께 공부했는데요. 그때 공부하고 배웠던 모든 내용이 이 책에 모두 들어가 있어 깜짝 놀랐습니다. 그래서 제가 이 책을 알고 난 후 느낀 변화에 대해 간단히 말씀드리고자 합니다. 인간이 살아가는 데 반드시 필요한 세 가지 요소는 의·식·주입니다. 저는 매달 일정한 봉급을 받으며 군 관사에서 생활하는 것이 당연하다고 생각했고, 부동산에 대한 고민이 없었습니다.

하지만 자유시간 투자자 님을 만난 후, 제 생각이 완전히 바뀌었습니다. '군 관사는 나의 자산이 아니다.' 이 사실을 깨닫고 나니, 지금까지 얼마나 안일한 생각을 가지고 있었는지 반성하게 되었습니다. '군 복무에 충실하면 언젠가 내 집을 마련할 수 있겠지'라는 막연한 기대는 현실적으로 불가능한 생각이었습니다. 부동산은 스스로 공부하지 않으면 평생 알 수 없는 영역이며, 하루라도 빨리 시작하는 것이 유리합니다. 왜냐하면 인플레이션으로 인해 돈의 가치는 하락하지만, 유한한 자산인 부동산의 가치는 시간이 지날수록 상승하기 때문입니다.

10주 동안의 부동산 스터디는 저에게 커다란 변화를 가져다주었습니다. 부동산을 바라보는 관점이 달라졌고, 이제는 '나도 부동산을 취득할 수 있다'라는 확신이 생겼습니다. 또한, 부동산 입지분석을 통해 부동산의 가치를 판단하는 능력을 길렀고, 공인중개사 사무소를 방문하는 것이 더 이상 두렵지 않게 되었습니다.

습관을 바꾸려면 최소 21일이 필요하고, 행동이 습관으로 자리 잡는 데 66일이 걸린다고 합니다. 10주 동안의 스터디는 저에게 부동산 투자에 대한 올바른 방향성을 제시해 주었고, 앞으로 나아갈 길을 밝혀주었죠.

이 책을 곁에 두고 멘토처럼 활용한다면 제가 스터디하는 동안 공부하고 배웠던 10주간의 시간과 동일한 효과를 얻으실 거라 확신합니다. 나침반은 언제 어디서든 북쪽을 가리키기에 길을 잃지 않고 방향을 바로 잡게 도와줍니다. 부동산 투자에 대하여 가야 할 방향을 알려주는 나침반으로 이 책을 활용하시길 추천합니다.

써밋73 님

 군 생활을 하면서 부동산 투자나 내 집 마련에 대해 고민해 본 적 있으신가요? 주변의 많은 군인들이 안정적인 급여와 관사 제공으로 인해 내 집 마련의 필요성을 간과하지만, 시간이 지날수록 부동산 가격은 오르고 근로 소득만으로는 점점 내 집을 마련하기 어려워집니다.

 이 책은 바로 그 현실을 깨닫고, 군인들도 반드시 내 집을 마련해야 한다는 강력한 메시지를 전달하는 필독서입니다. "나의 자유를 위해 재테크를 하라"고 말하는 저자는 부동산을 통해 경제적 자유를 누리는 법을 군인들에게 기꺼이 나누는 기버(Giver)입니다. 단순한 이론이 아니라 군인으로서 경험한 실제 매매와 경매 경험을 바탕으로 스터디를 운영하며, 많은 군인들의 '내 소득으로는 집을 살 수 없다'는 고정관념을 깨고 내 집 마련의 기회를 제공하고 있습니다.

 저 역시 수도권에 있는 아파트 분양권 하나를 엉겁결에 획득한 뒤, 그다음 공부를 도대체 어떻게 해야 할지 너무도 외롭고 막막했습니다. 그때 감사하게도 자유시간 님을 알게 되었고, 그와 함께 부동산 스터디, 경매 스터디를 해나가며 내공과 실력을 기본부터 착실히 쌓아나갈 수 있었습니다.

 이 책은 단순히 정보를 제공하는 것이 아니라 자신감을 갖고 행동으로 옮길 수 있도록 동기를 부여하는 힘을 가지고 있습니다. 부동산 투자는 워낙 큰 금액이 들어가는 탓에 성급한 선택을 하면 오랜 시간 경제적 부담을 떠안아야 합니다.

 하지만 이 책과 함께라면, 특히 군인들은 실패할 확률을 현저히 낮출 수 있습니다. 왜냐하면 군인들에게 최적화된 대출 활용법, 관사에 거주하면서 투자용 부동산을 운영하는 전략 등 군인 맞춤 전략까지 구체적으로 제시하고 있어 누구나 쉽게 이해하고 따라 할 수 있기 때문입니다.

 안타깝게도 많은 군인들이 '지금은 당장 불필요하니', '나중에 돈을 모아서'라는 이유로 내 집 마련을 미루고 있습니다. 하지만 그 사이 부동산 가격은 상승하고 인플레이션은 우리의 현금 가치를 갉아먹습니다.

 그러나 부동산 투자에 대한 새로운 프레임을 제시하는 이 책을 읽고 나면 '나는 아직 준비가 안 됐다'는 생각이 '나는 지금 당장 움직여야 한다'는 결심으로 바뀔 것입니다. 숭고한 사명을 다하는 군인들이 더 이상 경제적 문제로 복무를 고민하지 않았으면 좋겠습니다. 그 첫 걸음으로 이 책을 강력 추천합니다.

최코필 님

경제적 어려움으로 불안과 걱정을 가지고 계신가요? 이러한 걱정 없이 행복한 군 생활을 원하는 군인이라면 이 책을 추천합니다!

우리 삶의 필수 요소는 의·식·주입니다. 그중에서도 '주'는 특히 중요하죠. 집은 누구에게나 필요하고, 모두들 가능한 더 좋은 환경에서 살고 싶어 합니다. 따라서 계속 수요가 있을 수밖에 없는 것입니다.

이렇게 인생에서 꼭 필요한 나만의 집을 갖는 것에 대해 공부하지 않는다면, 좋은 집에 살 자격 또한 없는 것이라고 저는 생각합니다. 인생에 단 한 번만 제대로 공부해 둔다면 평생을 써먹을 수 있는 것이 바로 부동산 공부입니다. 다행하게도 이 책의 저자인 자유시간 투자자 님께서는 아주 상세하게 부동산에 대해 설명해 주십니다.

아내와 집 이야기를 할 때마다 후회하는 게 하나 있습니다. 결혼했을 당시 왜 그때 부대 앞의 아파트를 사지 않았을까 하는 것입니다. 결혼했을 당시가 약 10년 전인데 그때에는 부동산에 대해 잘 모르기도 했고 그때 당시 제 근무지였던 서울의 아파트는 제가 가지고 있는 현금보다 몇 배는 비쌌습니다. 그럼에도 불구하고 그때 그 아파트를 샀으면 출퇴근도 훨씬 편하게 했을 것이며 몇 년 후에는 아파트 가격이 많이 올라서 상당한 시세차익도 보았을 것입니다. 부동산 공부를 하고 10년 전을 되돌아보니 그때 저는 이미 서울 아파트를 살 수 있는 충분한 돈이 있었음을 깨달았습니다. 하지만 10년이 지난 지금, 제가 가진 현금의 가치는 떨어졌고 반대로 서울 아파트는 올라버렸습니다. 결과적으로 지금 저는 더 많은 현금을 보유하고 있음에도 불구하고 오히려 서울에 아파트를 살 수 없게 되었습니다.

가능한 많은 군인 분들이 이 책을 읽고 저처럼 후회하지 않았으면 하는 바람입니다. 부동산은 늘 지금이 가장 쌉니다. 인생에 있어 꼭 필요한 것이 바로 부동산 공부입니다. 이 책에서 많은 배움과 인사이트를 얻어 가실 수 있을 거라고 확신합니다.

부자되기 프로젝트 님

군인들 중 소수만 부동산에 관심이 있습니다. 그 주된 이유는 바로 관사가 지원되기 때문이라고 생각합니다. 새로운 부대로 발령이 나더라도 항상 관사가 나옵니다. 그러다 보니 많은 군인들은 '전역하기 전까지 돈을 열심히 저축하면 전역할 때 집 한 채는 마련할 수 있지 않을까?'라고 생각합니다.

다들 돈을 모으는 기간은 달라도 언젠가 집 한 채 정도는 마련할 수 있다고 생각합니다. 하지만 이 생각에는 큰 오류가 있습니다. 왜냐하면 그 기간 인플레이션(돈의 가치 하락)과 복리의 마법(시간)이 작용하는 부분을 생각하지 않기 때문입니다. 그럼에도 불구하고 '결국 집 한 채를 갖게 되는 건 똑같지 않나?' 하고 생각하실 수 있겠지만 전혀 다릅니다. 인플레이션으로 돈의 가치는 과거, 현재 그리고 미래에도 계속 떨어질 겁니다. 게다가 우리의 월급 상승률은 물가 상승률조차도 따라가지 못합니다.

이 책은 내 집 마련을 꿈꾸는 군인들을 위한 실용적인 가이드입니다. 위에 설명한 인플레이션과 복리의 마법 외에 다른 프레임들이 제시되어 있습니다. 집을 구매하기 위한 입지분석 7단계부터 등기, 대출, 임대차 계약, 그리고 절세까지 구체적으로 설명하고 있습니다. 이 책을 읽는 여러분들은 자신의 가용 자산을 파악하고 자유시간 투자자 님이 알려주는 대로 자신감을 가지고 실천하기만 하면 됩니다. 그렇게 된다면 결국 성공적인 내 집 마련으로 미래의 집 걱정이 없어지는 것뿐만 아니라 자산 증식까지 이뤄내면서 단번에 두 마리의 토끼를 잡을 수 있습니다. 이 책을 통해 많은 군인들이 부동산에 대해 올바르게 이해하고 내 집 마련을 통해 경제적 압박 없는 행복한 삶을 누리면 좋겠습니다.

이 책의 사용 설명서

이 책은 '왜 내 집이 있어야 할까?', '내 집 마련 어떻게 해야 할까?' 라는 질문에 대한 답을 제시합니다.

먼저 '왜 내 집이 있어야 할까?' 부분에서는 부동산 투자를 할 때 꼭 알아야 할 자본주의의 특징들을 알려드려요. 자본주의 시스템을 이해해야만 나에게 유리한 투자를 할 수 있거든요. 복리, 인플레이션, 레버리지, 대출에 대한 이해를 바탕으로 부동산 재테크를 위한 마음가짐을 제시하여 올바른 투자를 위한 기반을 다져드립니다.

아직 부동산 재테크를 할 수 있는 시드머니가 없어서 망설이고 있다면? 걱정 마세요. '자유투 인생 투자 전략'을 따라 하시면 되거든요. 이 알고리즘은 현금흐름표를 활용한 지출 통제를 기본으로 부동산과 주식 투자를 병행하는 방법인데요. 아직 시드머니가 적은 사회초년생, 혹은 초급간부가 가장 빨리 부동산 투자를 시작할 수 있는 방법이라고 자신합니다.

그리고 '내 집 마련 어떻게 해야 할까?'에서는 내 집 마련을 위해 해야 하는 일들을 상세히 알려드려요. '부동산의 본질은 입지!'라는 개념 아래 다양한 정보를 얻을 수 있는 인터넷 사이트와 툴들을 사용해서 내가 살 수 있는 가장 좋은 아파트를 찾는 방법을 제시하죠.

더 나아가서 절대 실패하지 않는 아파트를 고르는 입지분석 방법은 단연 이 책의 하이라이트인데요. 입지분석 7요소에 대한 상세한 설명과 함께 저자가 투자했던 아파트를 분석하는 과정을 그대로 가져와서 시범을 보여줍니다. 이는 이 책을 읽은 누구나 입지분석을 가능하게 해주는 이유가 아닐까요?

그뿐만 아니라 부동산 매물을 고르고 임장을 하고 중개사와 상담을 하여 계약까지 이르는 과정 또한 제시하여, 한 번도 부동산 계약을 해보지 않은 독자도 부동산 계약을 할 수 있도록 도와줍니다.

마지막으로 세금에 대한 이해도 중요한데요. 이를 고려하지 않으면 수익의 절반 이 넘는 금액을 세금으로 납부해야 할 수도 있기 때문이죠. 그래서 주식 절세, 부동산 절세에 대해 상세히 설명하여 세금에 대한 전반적인 이해와 절세방법을 제시해 드려요.

그럼에도 불구하고 혼자서 부동산 재테크를 시작하기 두렵나요? 그렇다면 '자유시간 투자자'를 만나러 오세요. 네이버 카페 「리치군인」에서는 저자와 함께 공부하는 부동산, 경매 스터디가 운영 중이고 저자의 네이버 블로그와 유튜브 채널, 그리고 인스타그램에는 유익한 정보들이 무료로 공개되어 있어요.

| 성공 사례로 검증된 부동산 재테크 입문서 |

　이 책은 검증된 부동산 재테크 입문서라고 자부합니다. 왜냐하면 이 책에 담은 내용을 부동산 재테크에 적용해서 성공한 사례가 5개월 만에 무려 3건이나 있기 때문인데요. 그 세 분들은 모두 부동산 스터디에서 저와 함께 공부하신 분들이죠. 그 사례 중 하나를 먼저 소개해 드릴게요.

　현역 중사로 복무 중이신 '엘구파파' 님 사례인데요. 부족했던 투자금을 마련하기 위해 2년밖에 안 된 새 차를 1,500만 원이나 손해 보면서 중고차로 팔아버리는 결단을 하신 덕분에 4,000여만 원의 투자금을 추가로 확보하실 수 있었는데요. 그렇게 1기 신도시인 일산에 31평형, 전용 84제곱미터에 달하는 크기의 아파트를 마련하실 수 있었죠. 그리고 현금흐름표를 작성하여 추가로 확보한 잉여현금으로 월 90여만 원에 해당하는 대출이자도 납부하고 계시는데요. 이렇게 구매하신 아파트는 1년도 지나지 않은 지금 이미 동일 평형, 동일 동, 동일 층 매물이 5억 5,000만 원의 호가로 올라와 있어요. 이는 엘구파파 님이 구매하신 5억 3,250만 원보다 1,750만 원이나 높은 가격이죠. 그리고 엘구파파 님의 집은 인테리어 상태가 매우 좋은 걸 감안하면 실제 시세는 5억 5,000만 원보다 더 높을 것으로 예상됩니다. 그렇다면 이미 수천만 원의 잠재 수익을 올리고 계신 것이죠. 제가 함께 공부하는 과정에서 "얼른 자동차도 처분하시고 여기 사세요."라고 이 아파트를 찍어드렸을까요? 놀랍게도 이 모든 선택은 엘구파파 님 본인이 하신 거예요. 저는 단지 자본주의 시스템과 부동산에 대한 본질을 알려드린 것뿐이죠. 이렇게 엘구파파 님께 알려드렸던 모든 내용들을 이 책에 담았습니다. 이 책을 읽으셨다면 모두 같은 선택을 하게 되실 것이라 생각해요. 당신의 부동산 재테크의 첫 발걸음을 함께하게 되어 영광입니다. 제가 올바른 부동산 재테크의 길로 안내해 드릴게요.

| 프롤로그 |

이 책은 부동산 재테크를 시작하고 싶지만 어디서부터 출발해서 어디로 가야 하는지 모르는 사람들을 위해 만들었어요. 한 번도 가보지 않은 길을 성공적으로 헤쳐나가기 위해서는 그 길을 잘 아는 사람이 필요하죠. 이 책을 길잡이로 활용하세요. 처음부터 끝까지 함께하며 목적지에 성공적으로 도달하도록 도와드릴게요.

군인은 부동산 투자하기 정말 좋은 직업이에요. 봉급은 경제 상황과 관계없이 안정적으로 지급되며 장기 복무에 선발되기만 한다면 정년도 어느 정도 보장되죠. 게다가 군인은 관사를 줍니다. 덕분에 민간인보다 80% 이상 적은 비용으로 주거를 해결하죠. 그 이유 때문일까요? 군인의 주택 보유 비율은 민간인보다 현저히 낮아요. 군인의 주택 보유 비율을 보면 민간인보다 50% 넘게 적은 것이 현실이에요. 특히 복무 연차가 10년 차 이하인 중기 복무 근무자에 해당하는 계급에서 민간인의 주택 보유 비율과 가장 큰 격차를 보이는데요. 대위 이하 장교, 중사 이하 부사관 중 주택을 보유한 사람의 비율은 각 11%와 9%로 매우 저조한 수준을 보이죠. 그나마 군에서 25년 이상 근무한 대령 이상 장교와 준사관, 원사 이상 부사관만이 비로소 민간인의 주택 보유 비율과 비슷해집니다. 저는 이러한 통계를 보고 너무

안타까웠어요. 군인도 가능한 빨리 내 집 마련을 해야 한다고 생각해요. 왜냐하면 제가 30살이 되던 군 생활 8년 차인 대위 시절에 첫 집을 샀는데요. 자산이 증가하는 속도의 차이가 정말 비교할 수 없더라고요. 제가 아파트로 내 집 마련을 하며 무주택자 신세를 탈출한 것은 2023년이에요. 1년 뒤인 2024년에는 빌라 두 채를 추가로 취득하여 총 3채를 보유 중이죠. 제가 보유한 아파트는 24년 12월 기준으로 약 2억 원가량의 시세차익을 얻었고, 빌라 두 채에서는 약 180만 원의 임대수익이 매월 나오고 있어요. 24년 기준 제 총 자산가치는 약 11억 원이고 순자산은 약 5억 원이에요. 결과적으로 군인인 제가 직접 부동산 재테크를 해보니, 군인은 부동산 재테크를 하기에 정말 좋은 직업인 것 같아요. 결론적으로 정말 좋은 점밖에 없어서 안 할 이유가 없더라고요. 그렇기 때문에 저는 단 한 가지 이유로 이 책을 썼습니다. '군인도 부동산 투자를 해야 한다고, 부동산 투자를 하시려면 이렇게 하시라고' 제가 직접 해보고 경험한 모든 방법들을 모든 군인과 군인 가족분들께 알려드리고 싶었기 때문이에요. 저는 금수저도 아니고 상속, 증여받은 재산도 없습니다. 오히려 학자금대출과 함께 군 생활을 시작했고 임관하고 나서야 돈을 모을 수 있었죠. 그렇다고 '집-부대-집-부대'를 오가며 아무것도 안 하고 숨만 쉬고 돈만 모은 건 아니에요. 저도 여러분과 똑같이 연애하고, 결혼을 해서 아이 낳고, 가족과 함께 관사에 살고 있어요. 다시 말해서 남들처럼 평범한 삶을 살고 있는 군인들 중 한 사람이죠. 그럼에도 불구하고 제가 단기간에 다양한 부동산을 소유할 수 있었던 것은 여러분과 다른 프레임을 가지고 몇 가지의 다른 선택을 했기 때문이라고 생각해요. 제가 가진 프레임과 몇몇 선택들은 어렵거나 특별한 것은 아니라고 말씀드리고 싶습니다. 그런데 프레임을 바꾸고 다른 선택을 한다는 것 자체는 어려울 수도 있어요. 프레임을 바꾸기 위해서는 그동안 살아오며 가졌던 생각들 전부를 부정해야 할 수도 있고, 주변과 다른 선택을 해야 할 때가 있더라고요. 그런데 그렇게 생각을 바꾸고, 주변과 다른 선택을 해야 합니다. 그렇게 무주택자를 탈출하여 새로운 삶을 사는 여러분의 미래는 지금보다 더 풍요롭고 행복할 것이라고 확신해요. 그래서 저는 이 책을 통해 제가 가진 프레임과 선택들을 숨김없이 공유하려고 해요. 전 뜬구름 잡는 소리를 정말 싫어해요. 이제 막 부동산 투자를 시작하려고 공부하시는 초보자도 제 책 한 권만 읽으면 바로 부동산 재테크에 도전하고 또 성공할 수 있도록 만들겠다는 마음가짐으로 이 책을 썼어요. 부동산? 어렵지 않아요. 누구나 할 수 있어요. 제가 쉽고 과학적으로 알려드릴게요.

　제가 추구하는 자산을 형성하는 방법은 무엇보다도 시간을 내 편으로 만드는 것을 필요로 해요. 나에게 행복을 가져다줄 자산을 선택한 뒤에는 시간에 모든 걸 맡기는 거예요. 그렇게 시간이 흐르면서 자산은 스스로 성장하고 그 과정에서 나는 특별한 노력을 하지 않아도 되는 것이죠. 실제로 제 자산은 특별한 노력이 없어도 시간이 지남에 따라 무럭무럭 성장하고 있어요. 내 자산의 가치가 하루아침에 휴지 조각이 될까 봐 업무 중에도 스마트폰 화면을 보는 삶을 살아야 한다면 그것은 너무 끔찍한 것 아닌가요? 저는 이렇게 돈이 내 삶에 영향을 주며 내 삶을 지배해 버리는 상황을 증오해요. 왜냐하면 돈은 내 삶을 행복하게 해주고 기쁘게 해주는 수단일 뿐이지 목적이 되면 안 된다고 생각하기 때문이에요. 그렇기 때문에 이 책은 돈이 목적인 삶을 사는 사람, 단기간에 큰 부를 이루고 싶은 사람을 위한 것이 아니에요. 제가 제시하는 방법은 현실에서 자신의 삶을 성실히 살아가면서 나의 자산이 성장하기 위해 충분한 시간이 필요한 방법이니까요. 그렇게 긴 시간을 기다릴 수 있는 사람만이 좋은 성과를 얻을 수 있고 그 결과는 정말 만족스러울 거예요.

끝으로 자유대한민국과 자본주의, 시장경제를 수호하기 위해 헌신하시는 군인, 군인 가족, 군무원, 군무원 가족 등 모든 군 관계자분들의 행복을 바라며, 이 책과 함께 풍요롭고 행복한 미래를 설계하시길 희망합니다. 우리 함께 성공적인 부동산 재테크를 통해 행복한 미래를 만들러 가보시죠!

| 차례 |

추천사   4
부동산 및 경매스터디 수강생 후기   9
이 책의 사용 설명서   23
성공 사례로 검증된 부동산 재테크 입문서   25
프롤로그   27

1부   왜 내 집이 있어야 할까?

1장. 생각을 완전히 바꾸는 새로운 프레임

프레임(1) – 얼마를 버는지보다 얼마나 모으는지가 중요하다   42
프레임(2) – 현금을 모아서 부자가 된 사람은 없다   44
프레임(3) – 시간을 나의 편으로 만들어주는 열쇠, 복리의 마법   47
프레임(4) – 지금 당장 피해야 하는 인플레이션   52
프레임(5) – 원금을 5배로 늘려주는 대출 레버리지   59
프레임(6) – 내 집에 내가 안 살아야 자산이 된다   66
프레임(7) – 위기 속에서도 기회를 보는 기술, 긍정 마인드   71

2부 내 집 마련 이렇게 하세요

1장. 내 집 마련을 위한 비장의 무기

호갱노노	75
아실	89
학구도안내 서비스	93
아파트 투미	94
네이버 부동산	95
KB부동산	97
FRED	101
부동산 계산기	102

2장. 내가 살 수 있는 집은 얼마일까?

집은 가능한 빨리 사야해요	108
레버리지를 극대화하는 방법	108

3장. 실패하지 않는 아파트 찾기
- 서울과 수도권을 중심으로

실패하지 않는 아파트를 찾는 지름길, 서울 5급지 체계	115
완벽한 입지분석을 위한 7가지 요소	121
(1) 직장	121
(2) 교통	123
(3) 학군	186
(4) 상권	189
(5) 녹지	190
(6) 문화시설	192
(7) 공공기관	193

4장. 저는 아파트 이렇게 골랐어요

숙련된 교관의 입지분석 시범	**196**
입지분석 시범 (1) 직장과 교통	199
입지분석 시범 (2) 학군과 상권	204
입지분석 시범 (3) 녹지, 문화시설, 공공기관	209
입지분석 시범 끝, 온라인 임장을 마치며	212

5장. 저는 아파트 이렇게 샀어요

매물 고르기	216
임장	218
중개사 상담	219
가계약	221
계약	222
대출	222
중도금	224
잔금	225
등기	225
월세 세팅	229
가계약	231
계약	232
잔금	232

6장. '자유시간 투자자'의 인생 투자 전략

부동산과 주식 절세	236
(1) 취득세 면제	238
(2) 양도세 비과세	239
아직 내 집 마련을 할 수 없는 초급간부를 위한 전략	242

7장. 부동산 스터디 성공 사례

현역 대위 군인 가족, 서울 영등포 신길뉴타운 21평형 신축아파트   247
현역 중사, 경기 고양 일산신도시 31평형 아파트   251
예비역 중사 군인 가족, 서울 성북 대단지 24평형 아파트   256
다음 성공사례의 주인공은 당신입니다   260

에필로그   262
감사드릴 분들   263

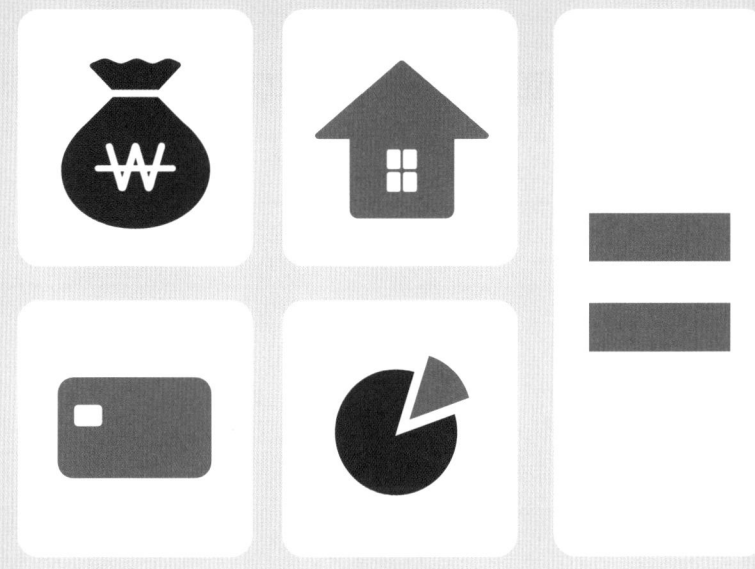

1부

왜 내 집이 있어야 할까?

1장.
생각을 완전히 바꾸는 새로운 프레임

생각을 바꾼다는 것은 정말 힘든 과정입니다. 하지만 정말 간단하기도 한데요. 이 과정은 부동산 재테크를 하기 위해 꼭 필요한 과정이에요. 프레임은 말뜻 그대로 '틀'입니다. '틀에 박힌 생각'에서 벗어나서 내가 다르게 생각할 수 있도록 관점을 바꿔줘야 해요. 그래서 가장 먼저 프레임을 소개하려고 합니다.

제가 직업 군인이 된 이유는 국가와 국민을 지키는 군인의 숭고한 가치가 너무나도 멋져 보였기 때문인데요. 어린 시절 한국사를 공부할 때면 이런 생각을 하곤 했죠.

'삼국시대에 가장 강력했던 고구려가 왜 삼국을 통일하지 못했을

까?'

'조선시대 10만의 병사를 양성했다면 임진왜란은 없었을까?'

'조선이 일본보다 먼저 개화하고 서구화되었다면 일제강점기는 없고, 그 대신에 통일 대한민국이 존재하지 않았을까?'

특히 전쟁사를 다룰 때면 국가의 위기 때마다 나타나는 영웅과 국민들의 이야기에 빠져들어 저 역시 나라를 지키는 사람이 되고 싶다는 생각을 했었는데요. 그런 가치와 마음이 제 무의식에도 깊게 자리 잡았는지 어느새 군인의 길을 선택하게 되었어요. 그렇게 군인이 되고 나니 대한민국을 지키고 자유민주주의를 수호하는 사명을 가진 동료 그리고 선후배님들과 함께 근무한다는 것이 정말 기쁘고 행복했습니다. 그렇기 때문에 누구든 직업을 선택한다면 가장 최우선으로 그 일이 내가 가진 가치와 일치하는지, 나의 자아실현을 위한 것인지를 고려해야 한다는 생각이 들더라고요.

혹시 '오, 신기한 생각을 가진 사람이네.' '저렇게 생각할 수도 있겠다.'라고 생각하셨나요? 프레임은 이런 것입니다. 누군가가 세상을 바라보는 관점이자 마인드죠. 뜬금없이 제가 군인이라는 직업을 선택한 배경을 설명드린 이유는 바로 제가 가진 프레임을 설명하기 위함이에요. 제가 군을 바라보는 관점과 제가 군인이 된 이유, 그리고 직업을 선택할 때 가장 중요하다고 생각하는 것들을 말하면서 나는 어떤 프레임을 가지고 있는지 표현한 것이죠. 대부분의 군인들은 '군인은 돈을 많이 벌 수 있는 직업이 아니야.'라고 생각하더라고요.

그런데 이런 생각은 정말 잘못된 프레임인 거 아세요? 군인은 부동산 투자하기 가장 좋은 직업이에요. 누군가는 제가 부동산으로 자산을 불려 나간 것이 그저 운이 좋았던 거라고 생각하실 수도 있어요. 마치 수십억 원대 자산을 형성하는 군인은 그저 수십만 명의 군인 중 한두 명만 있는 돌연변이인 것처럼 말이죠. 그런데 사실은 그렇지 않아요. 제 주변에는 이미 수십 명의 군인, 군인 가족분들이 수십억 원 자산을 형성했기 때문이죠. 그래서 전 군인이 정말 부자 되기 쉬운 직업이라고 생각해요. '황금 보기를 돌같이 하라'는 말이 있지만, 자유민주주의와 시장경제를 채택한 대한민국에서 살아가기 위해서 돈은 필수죠. "저 11억 자산가예요"라고 호기롭게 자랑은 했지만, 사실 저는 아직 큰 부자는 아니에요. 제가 가진 순자산인 5억 원은 대한민국 평균 수준일 뿐이죠. 다시 말해 대한민국의 프레임 안에서는 지극히 평범한 수준이지요. 하지만 군인의 프레임 안에서는 상위권이겠죠? 저는 이런 현실이 마음 아프더라고요. 더욱이 군인의 월급은 자녀를 둔 가정이 하고 싶은 거 다 하고, 사고 싶은 거 다 사고, 먹고 싶은 거 다 먹을 만큼 넉넉하지 않은 것이 현실이죠. 그럼에도 불구하고 몇몇 군인들은 하고 싶은 거 미뤄두고, 사고 싶은 건 쇼핑몰 장바구니에만 담아두며, 먹고 싶은 것도 꾸욱 참아가면서 미래를 위해 꾸준히 저축하고 있더라고요. 그래서 저는 이어지는 내용들을 통해서 우리의 행복한 미래를 만들어갈 수 있는 프레임 몇 가지를 제안하려고 해요. 제가 가진 프레임이 삶을 살아가는데 무조건 맞는 정답이라고 할 수는 없어요. 그래도 이렇게 새로운 프레임을 가져야 한다고 제안하는 이유는 군인이라는 직업을 단순히 돈을 버는 수단으로 생각하는 쭉정이 군인에게는 경제적으로 독립하는 방법을, 국가와 국민을 수호한다는 숭고한 마음가짐으로 군 생활을 계속하고 싶지만 군인의 월급만으로 생계를 이어가기에는 돈이 부족해서 군을 떠나는 진정한 군인에게는 경제적 자유를 만드는 방법을 알려주고 싶기 때문이에요. 그렇게 군에 남아있는 암적인 존재는 하루빨리 전역을 하고, 숭고한 마음가짐으로 복무하고 있는 진짜 군인분들에게는 경제적 자유로 가는 길을 제시하여 오지에서 고생하는 그 가족들에게 조금이나마 안락한 삶을 선사해 드리고 싶어요. 그래서 저는 모든 군인들이 집을 갖게 만들려고요. 모든 군인들이 집을 갖게 된다면, 모든 군인이 제가 그랬던 것처럼 경제를 바라보는 새로운 프레임을 갖게 될 것이라 확신하기 때문이에요. 그 결과로 모든 군인들의 경제 상황이 좋아진다면 단순히 돈 때문에 군인을 했던 쭉정이 군인들은 자연스럽게 군을 떠날 것이고, 진정한 군인만 남는다면 우리 군의 수준도 한층 더 높아지지 않을까요?

그런데 보통 사람들은 이렇게 생각하시더라고요. "나에게 아무런 이유 없이 친절하고, 호의적으로 접근하는 사람은 있을 수 없다"며 사기라고 의심하기도 하시더라고요. 그렇게 좋으면 너나 하지 왜 알려주냐고 말이죠. 또 '무료로 돈 버는 법을 알려주며 접근한 사람은 나중에 무슨 짓을 할지 몰라!'라고 가정하며 두려워하기도 해요. 일단 무료 과정을 풀어서 관심을 끌고 이후에 유료 과정을 듣게 유도하는 것처럼요. 안심하세요. 저는 군인이라 유료 과정 강의를 진행할 수도 없고, 또한 앞으로도 전역까지 수년 여의 군 생활이 남아있기 때문에 절대 그럴 일이 없어요. '그럼 누구 좋으라고 이렇게까지 하는 거야?'라고 생각하실 수도 있는데요. 앞서 말했던 것처럼 그냥 제가 좋아서 하는 거예요. 군인의 전투력과 경제력이 모두 상향평준화 되었으면 하는 마음, 그뿐이에요. 그러니까 다른 프레임 없이 순수하게 봐주세요. 이젠 프레임에 대한 이해가 다 되셨죠? 이제는 부동산 재테크를 위한 프레임들을 알려드릴게요.

프레임(1) - 얼마를 버는지보다 얼마나 모으는지가 중요하다

마시멜로 실험을 아시나요? 워낙 유명한 실험이라 대부분 아실 것이라고 생각하는데요. 이 실험은 현재의 욕구를 참아서 미래의 보상을 극대화하는 보상 지연 능력을 확인하는 실험이에요. 이 실험은 4~6세 정도의 아이들을 대상으로 진행되었어요. 접시에 마시멜로를 하나씩 준 뒤 15분간 먹지 않고 참으면 한 개를 더 주는 간단한 실험이었죠. 이 실험의 하이라이트는 아이들이 성인이 되었을 때까지의 삶을 추적하여 보상 지연과 성공의 상관관계를 분석했다는 데에 있는데요. 당연하게도 마시멜로를 먹고 싶은 욕구를 참고 보상을 받은 아이들이 더 큰 성공을 이루었다고 해요. 보상 지연 능력이 미래의 성공과 유의미한 관계가 있다는 것을 증명한 셈이죠.

저는 보상 지연 능력을 가진 아이들이 당연히 저축도 잘했을 거라고 생각해요. 저축은 정말 중요해요. 인류의 발전도 작물을 재배하게 되며 발생한 잉여생산물로 시작했던 것처럼, 재테크도 내 소득의 일부를 남겨 저축하는 것부터 시작하기 때문이에요. 결국 재테크도 돈이 있어야 할 수 있거든요. 내 재정 상황에서는 도저히 저축할 수 없다고 생각한다면 지금 당장 현금흐름표를 작성해 보세요. 왜냐하면 내가 얼마를 벌고 얼마를 고정적으로 쓰는지 확인해야만 과도한 소비를 막고 잉여현금을 만들어서 조금이나마 저축을 시작할 수 있기 때문이에요. 그렇게 현재의 욕구를 조절하고 지출을 통제하면서 보상 지연 능력을 극대화할 수 있어야 해요. 그래야만 미래에 더 큰 보상을 받을 수 있기 때문이에요.

놀라운 보상 지연 능력을 가진 군인들이 있어요. 봉급의 절반 이상을 저축하면서 매달 수백만 원의 돈을 모으는 군인들은 정말 대단해요. 마치 미래의 보상을 기대하며 지금 당장 마시멜로가 먹고 싶은 욕구를 참아냈던 아이들처럼 말이죠. 이처럼 저축은 자산 증식을 위한 첫걸음이자 인생 투자 전략의 시작이라고 할 수 있어요. 현금흐름표 작성 방법과 양식은 네이버 카페 「리치군인」 공지사항에 게시되어 있어요. 아직도 내가 번 돈이 어떻게 사용되는지 모른다면 꼭 작성해 보는 것을 추천드려요.

"월 수천만 원을 버는 사람과 월 수백만 원을 버는 사람 중 누가 부자일까요?"

이 질문만으로는 답을 알 수가 없어요. 왜냐하면 누가 더 저축을 많이 하는지, 더 많은 돈을 모으는지를 모르기 때문이죠. 얼마를 버는지보다 중요한 건 얼마를 모으느냐에요. 소득을 늘리는 것과 저축액을 늘리는 것 중 즉각적인 변화를 만들기 쉬운 것은 지출을 줄여서 저축액을 늘리는 거예요. 그래서 현금흐름표를 작성해서 지출을 통제하고 저축액을 늘려가는 것이 중요한 것이죠. 한 번 줄인 지출은 쉽게 늘어나지 않아요. 그래서 차차 소득이 늘어난다고 하더라도 소득이 늘어난 만큼 더 많은 소비를 하는 게 아니라 더 많은 저축을 할 수 있게 될 거예요.

여윳돈이 없는데 어떻게 재테크를 할까요? 재테크 공부를 하기 전에 내 소비 습관을 점검해서 재테크할 자금, 즉 시드머니를 만드는 것이 첫 번째입니다.

프레임(2) - 현금을 모아서 부자가 된 사람은 없다

현금을 모아서 부자가 된 사람은 없어요. 왜냐하면 현금의 몇몇 특성 때문인데요. 그렇다면 그 특성이 무엇이고, 현금 말고 어떤 것을 모아야 하는지 알아볼게요.

"충성! 선배님, 반갑습니다. 새로 전입 온 군수과장입니다."

제가 2차 포대장을 하고 있던 시기, 고군반을 갓 마친 대위 후배가 전입을 왔어요. 부대 지휘관인 대대장님께 전입신고를 마치고 부대를 돌며 인사를 하던 중이었죠.

"그래, ○○○야. 안녕? 너는 저축을 어떻게 하고 있니?"

지금 생각해 보면 그 후배는 얼마나 당황했을까요? 첫인사에 돈 얘기라뇨.

물론 모든 사람들은 부자가 되고 싶어 해요. 하지만 부자가 소수인 이유는 저와 제 주변의 부자 군인들처럼 행동하는 사람들이 많지 않아서가 아닐까요? 사람은 저마다 세상을 바라보는 다른 프레임을 가지고 있어요. 100% 동일한 프레임을 가진 사람과 만나는 건 불가능에 가깝죠. 사람들은 정치, 경제, 사회 등 다양한 분야에서 제각기 다른 관점을 가지고 있기 때문인데요. 대부분의 군인들은 군인공제회 풀 납입(지금은 최대 300만 원인가요?)이나 시중의 일반 은행 적금보다 이자를 조금 더 주는 군인 적금, 혹은 보험에 나의 불확실한 미래를 의지하더라고요. 그렇게 하는 이유는 그들의 프레임에서는 예적금과 보험이 자신의 미래를 보장하는 수단이라고 생각하기 때문이겠죠. 하지만 이런 프레임은 제가 생각하기엔 모두 잘못됐어요. 그 이유는 주변을 조금만 돌아봐도 금방 알 수 있는데요. 과연 예금, 적금, 보험으로 모두 부자가 될 수 있다면 수십 년 군 생활을 하면서 꾸준히 예적금과 보험을 한 사람 중에 왜 부자가 없을까요? 대부분의 군인들이 그렇게 살고 있는데 말이죠. 만약 예적금과 보험이 우리를 부자로 만들어주는 선택이었다면 부대에 있는 우리 동료와 선후배님들은 높은 확률로 부자가 되었겠죠.

적어도 저는 지금까지 살면서 현금만을 모아서 부자가 된 사람은 본 적이 없어요. 그리고 앞으로도 못 만날 거라 생각해요. 왜냐하면 현금 그 자체는 인플레이션을 피할 수 없고, 복리 효과를 누리지 못하며, 레버리지를 일으킬 수도 없기 때문이죠. 모든 부자들은 현금을 자산의 형태로 보유하며 인플레이션을 피하고, 레버리지를 이용하며 복리의 마법에 자신의 돈을 맡겨요. 그저 흘러가는 시간에 자신의 자산을 맡기는 것이죠. 그렇게 시간의 흐름에 따라 천천히, 그리고 확실하게 부자가 되었죠. 부자가 되고 싶으면 부자인 사람을 따라 하면 됩니다. 국내 금융회사들은 매년 '웰스 리포트'를 작성하여 무료로 배포하는데요. 인터넷에 웰스 리포트를 검색하면 매년 발행되는 리포트를 무료로 볼 수 있어요. 이 리포트에서 다루는 이야기는 정말 매년 새로 발행하는 게 맞는 것인지 의심될 정도로 너무나 비슷해요. 이 리포트에 따르면 부자들이 선호하는 자산 형태는 부동산이고, "부동산에 투자한 지 20년 만에 순자산 10억 원, 대한민국 상위 10% 부자의 길로 들어올 수 있었다."고 매년 이야기하더라고요. 그렇다면 평범한 우리도 20년 동안 아파트를 잘 골라 사고팔고를 몇 번만 반복하면 부자 될 수 있다는 결론이 나오는 게 아닐까요? 저는 아직 첫 집을 산 지 2년밖에 안 됐어요. 그러나 '18년 뒤에 나도 대한민국 상위 10% 부자가 될 수 있을까?'라는 질문에 제가 얻은 답은 '충분히 가능하다'라는 것이에요. 왜냐하면 2년간의 경험으로 보았을 때 이 정도 속도라면 20년이 아니라 15년, 더 빠르게는 10년 이내에도 충분히 그렇게 될 수 있겠더라고요.

인플레이션, 복리, 레버리지. 이 세 가지만 기억하고 행동한다면 대한민국 상위 10% 부자가 되는 것은 어렵지 않을 거예요. 대한민국 상위 10% 부자, 경제적 자유를 쟁취한 군인이 되고 싶으신가요? 앞으로 이 세 가지를 기억하고 행동하세요. 여러분이 미래를 위한 선택을 내리도록 도와줄 거예요.

1. 복리의 마법을 이용해라

2. 인플레이션을 피하라

3. 레버리지를 일으켜라

프레임(3) – 시간을 나의 편으로 만들어주는 열쇠, 복리의 마법

시간은 정말 정말 중요하죠. 누구에게나 똑같이 주어지고, 똑같이 흘러가고, 새로 만들거나, 없앨 수 없어요. 나의 시간을 누군가에게 팔면 돈을 받을 수 있고, 반대로 누군가의 시간을 사려면 그만큼 돈을 줘야 하죠. 복리의 마법은 시간을 나의 편으로 만듦과 동시에 인플레이션을 피할 수 있는 가장 간단한 방법이에요. 시간과 같은 편이 된다면 우리는 시간이 흘러가는 것에 대해서 거부감이 없어지고 그저 시간이 흘러감에 따라 자연스럽게 만들어지는 결과를 기대하며 기쁜 마음으로 미래를 기다릴 수 있게 되는 거예요.

하지만 시간이 우리 편이 아니라면 어떨까요? 시간이 흐르는 게 불안하고 초조해지며, 시간이 흘러갔을 때 내가 예상하던 것과는 다른 결과가 나올까 봐, 혹은 조금이라도 더 좋은 결과를 얻기 위해 계속해서 노력해야만 할 수도 있죠.

그래서 복리를 제대로 이해하는 것이 중요해요. 복리를 제대로 이해하기 위해서는 복리 공식을 먼저 알아야 하는데요. 복리 공식은 아래와 같은 수식으로 이루어져 있어요.

원금 × 수익률^시간

원금 곱하기 수익률의 시간제곱이 바로 복리 공식인데요. 앞서 시간이 가장 중요하다고 말씀드렸는데 복리 공식에서도 시간이 특히 중요해요. 왜냐하면 원금, 수익률, 시간 중에서 시간이 결괏값에 가장 큰 변화를 가져다주는 변수이기 때문이죠. 그 차이는 원금, 수익률, 시간에 각각 숫자를 대입해 보면서 비교해 보면 금방 알 수 있어요. 예를 들어 원금, 수익률, 시간에 전부 2를 넣으면 결괏값은 8이 나오죠. 여기서 원금을 5배로 올려서 10으로 바꾸면 결괏값도 5배가 증가한 40이 나와요. 그런데 원금은 다시 2로 바꾸고 수익률을 5배 올린 10으로 바꾸면 결괏값은 8에서 25배가 증가한 200이 되죠. 마지막으로 다른 변수는 모두 2인 상태에서 시간만 5배 올려 10으로

조건	모두 2로	원금을 10으로	수익률을 10으로	시간을 10으로
원금	2	10	2	2
수익률	2	2	10	2
시간	2	2	2	10
값	8	40	200	2048
		8 ▶ 40, 5배	8 ▶ 200, 25배	8 ▶ 2048, 256배

바꾸면 8에서 무려 256배가 증가한 2,048이 돼요.

    이처럼 복리 공식에서 가장 중요한 것은 시간이에요. 그렇기 때문에 시간을 무조건 우리 편으로 만들어야만 해요. 15일 뒤 내야 하는 카드값, 6개월 뒤 결혼식 때 필요한 결혼자금 등 시간이 정해진 돈들은 복리의 마법을 온전히 적용할 수 없겠죠? 충분한 시간을 기다려 줄 수 있는 돈에 복리의 마법을 걸었을 때 비로소 엄청난 결과가 돌아오는 것이죠. 그래서 복리를 효과적으로 이용하기 위해서는 복리의 마법을 가능한 빨리 시작해서 최대한 오래 두어야 해요. 그렇다면 가장 중요한 시간만 길게 가져가면 원금과 수익률은 신경 쓰지 않아도 될까요? 물론 시간이 가장 중요하기 때문에 원금과 수익률은 전혀 신경 쓰지 않아도 된다는 말은 아니에요. 나의 소득에서 지출을 줄여서 저축할 수 있는 돈을 만들어야 해요. 그렇게 꾸준히 돈이 모이는 시스템을 만들고 그 돈을 복리의 마법이 적용된 원금을 불리는 데에 사용하는 거죠. 그리고 수익률 역시 중요한데요. 장기적으로 우하향하면서 떨어지는 마이너스 수익률에 복리의 마법을 적용한다면 그 결과는 어떻게 될까요? 상상만 해도 너무 끔찍하네요. 복리 마법의 성공을 위해서는 복리 공식에서 유일하게 손실을 만들 수 있는 변수인 마이너스 수익률을 차단해야 해요. 복리 공식에서 마이너스 수익률을 적용하면 복리의 마법이 한순간에 복리의 저주가 되는 거지요. 시간이 적이 되어 오히려 시간이 갈수록 원금이 줄어드는 것이죠. 그래서 수익률의 방향성에도 신경을 써야 해요. 변동이 크지만 극적인 수익률을 보이는 것보다 안정적으로 우상향하는 것이 무엇보다 중요한데요. 이것이 수익률의 크기보다는 방향성이 더 중요한 이유입니다. 방향성이 확실한 상품이 있다면 거기에 레버리지를 추가한다면 금상첨화죠. 이처럼 수익률의 크기를 키우고 싶다면 안정적으로 우상향하는 자산을 찾는 게 첫 번째예요. 무엇보다 중요한 것은 수익률보다는 꾸준한 시간이라는 것은 다들 아시죠? 주식의 거장 워런 버핏의 연평균 수익률은 22%라고 해요. 은행 예적금의 4배가 넘는 엄청난 수익률이죠. 그런데 혹시 짐 사이먼스라는 사람은 들어보셨나요? 이 사람은 워런 버핏의 3배인 연평균 66%의 수익률을 거둔 사람이에요. 그럼에도 불구하고 왜 아무도 모를까요? 순자산의 크기만 비교해 봐도 그 이유가 뭔지 알 수 있는데요. 2020년 기준 워런 버핏의 순자산은 845억 달러인데 반해 짐 사이먼스의 순자산은 4

배 적은 210억 달러죠. 다시 말해서 짐 사이먼스는 워런 버핏보다 3배의 수익률을 기록했지만, 반대로 복리를 적용할 수 있는 시간은 두 배 부족했던 거예요. 그 점이 무려 4배 이상의 순자산 차이를 가져왔고 최종적으로는 워런 버핏만 기억되는 것이죠. 그렇기 때문에 우리는 수익률의 크기보다는 방향성에 주목하면서 최대한 긴 시간을 투자하는 게 중요합니다.

수익률과 시간에 관계없이 예적금, 보험과 같은 현금성 자산 대신 주식이나 부동산을 모으는 이유는 바로 원금손실로 발생하는 기회비용 때문이에요. 예적금과 보험도 복리 효과를 누린다고요? 과연 그럴까요? 예적금과 보험은 시간이 지날수록 원금이 줄어들어요. 예적금은 15.4%의 이자소득세를 매년 원천징수하고 보험은 가입하자마자 운영비라는 명목으로 원금의 15%가량을 차감하고 시작하죠. 반면에 주식, 부동산과 같은 자산은 원금의 손실 없이 수익률의 시간 제곱이 적용되면서 온전한 복리 효과를 누릴 수 있죠.

가끔 주변을 보면 단기적인 수익을 위해서 도박처럼 투자를 하는 사람들이 있어요. 부대 업무시간에도 휴대폰 화면을 들여다 보고 벙커에 들어가기 전에도 한참 동안 휴대폰을 놓지 못합니다. 저는 이런 삶을 살기가 싫어요. 돈이 내 삶의 목적이 되는 걸 경계하고 더 나아가 증오합니다. 돈은 그저 내가 행복한 삶을 살게 해주는 수단일 뿐이죠. 그래서 제가 따로 신경 쓰지 않아도 복리 마법을 온전히 적용받는 자산을 찾기 위해 노력했고 앞으로도 그럴 거예요.

프레임(4) - 지금 당장 피해야 하는 인플레이션

앞에서 이야기한 전입 온 군수과장 이야기 기억하시죠? 그 이야기를 이어서 들려드릴까 해요. 사실 그 뒤에 나오는 대화가 진짜 재밌거든요.

"그래, ○○○야. 안녕? 너는 저축을 어떻게 하고 있니?"

이후에 이어진 대화가 또 있었어요.

"네?"

후배는 적지 않게 당황한 것 같았지만 저는 끝까지 제가 하고 싶은 말을 다 했죠.

"인플레이션에 어떻게 대비하고 있냐고."

"…하하."

후배는 이런 질문을 처음 들은 것처럼 얼어붙었다가 제가 농담을 하는 줄 알고 웃어넘겨 버리더군요. '에구, 이번에도 실패군.'

결국 그렇게 군수과장 후배를 인플레이션의 늪에서 구조하려는 제 시도는 실패했죠. 인플레이션은 곧 화폐가치 하락이에요. 시간이 흐르면서 화폐가치가 하락하는 인플레이션이 발생하는 이유는 화폐가 시장에 끊임없이 유통되기 때문이에요. 새로운 화폐가 무한히 생겨나기만 하고 없어지진 않는 것이죠. 새로운 화폐가 생겨나면 가장 오래된 화폐는 자동으로 없어지면서 선생선사(먼저 나온 화폐가 먼저 사라지는)가 되어야 화폐가치가 유지될 텐데, 화폐는 생기기만 할 뿐 시장에서 사라지지 않아요. 그래서 과거에 존재하던 화폐도 계속해서 존재하기 때문에 인플레이션이 발생하는 것이죠. 그렇게 우리가 미래를 준비한답시고 열심히 모으고 있는 돈은 결국 시간이 지날수록 가치가 떨어지게 돼요. 그래서 결국 그 가치가 0에 수렴하게 되는 것이죠. 돈을 모으며 미래를 준비하는 행동은 마치 아이스크림이 녹아 없어질 때까지 손에 쥐고 있는 것과 같아요. 인플레이션은 통장, 보험 속에 있는 돈에도 예외 없이 적용되는데요. 여러분의 미래를 위해 열심히 모아둔 돈들이 다 녹아 없어진다는 뜻이지요. 그래서 제 주변에 있는 부자 군인들은 대부분의 사람들이 저축을 목적으로 하는 예적금과 보험을 하지 않아요. 오히려 90%가 돈을 잃는다는 주식, 그리고 앞으로 인구가 감소해서 하락한다고들 예측하는 부동산의 형태로 돈을 모아 인플레이션을 방어하죠.

저축을 하고 있다면 저축이 우리의 미래를 더 행복하게 해줄 것이라는 생각을 하고 계실 거예요. 여러분의 실행이 미래의 행복을 제대로 끌어당기기 위해서는 몇 가지 프레임을 적용해야 하는데요. 그중 하나가 인플레이션을 피하면서 복리의 마법에 내 돈을 태우는 것이죠. 하지만 대부분의 사람들은 인플레이션을 피할 수 없는 현금의 형태로 돈을 모으고 있어요. 미래를 위한 실행을 한다는 그 자체는 정말 대단합니다. 하지만 그런 노력의 대가를 제대로 받기 위해서는 방향을 조금 수정해야 해요. 왜냐하면 엄청난 노력에 비해서 나오는 결과가 너무나도 아쉬워서예요. 그래서 더 나은 결과를 위한 조금은 다른 행동을 촉구하고자 하는데요. 앞서 말했지만, 대부분의 사람들은 내가 아직 충분한 돈을 모으지 못했다고 생각하며 부동산 투자를 멀리하더라고요. 돈을 조금만 더 모으면 더 좋은 집을 살 수 있을 것 같은 마음에 하염없이 돈만 모으고 있는 것이죠. 그런데 당신이 이렇게 망설이는 동안 여러분이 모은 소중한 돈은 인플레이션에 녹고 있다는 사실을 알고 계시나요? 심지어 내 마음을 아는지 모르는지 집값이 상승하는 속도는 내가 돈을 모으는 속도로는 따라가기 힘들 정도죠. 오히려 격차가 벌어지면서 지금은 살 수 있던 집조차 몇 년 뒤면 못 사는 상황이 오기도 해요. 그래서 당신이 무주택자라면 내가 생각하던 깨끗하고 넓은 집이 아니더라도 내 예산을 초과하지 않으면서 좋은 입지에 있는 집을 찾아서 사야 해요. 왜냐하면 가능한 빨리 현금을 자산의 형태로 바꾸어서 인플레이션을 피해야 하기 때문이에요. 모두가 다 알다시피 집은 수백만 원, 수천만 원 하는 물건이 아니에요. 그래서 현금박치기로 집을 사려고 하신다면 평생 집을 살 수 없을지도 몰라요. 집을 사려면 대출도 받아야 하고 내가 모아둔 돈도 탈탈 털어서, 다시 말해 흔히 하는 말로 '영끌' 해서 사야 해요. 지금까지 여러분이 모아둔 모든 형태의 돈, 현금을 사용해야만 집을 살 수 있어요. 예적금, 공제회, 보험 등의 형태로 모아둔 돈을 다 사용해야 하는 것이죠. 여러분이 다양한 형태로 모아둔 현금들은 이미 수천만 원 혹은 수억 원 이상 될 거예요. 더 이상 여러분의 소중한 돈과 미래가 녹아 없어지게 내버려두지 마세요.

정말 미래를 준비한다면 프레임을 바꿔야 해요. 현재의 돈이 미래로 가더라도 가치가 떨어지지 않도록 해야 하죠. 가장 쉬운 방법은 돈으로 자산을 사서 자산의 형태로 보관하는 거지요. 아이스크림을 녹지 않게 하려면 냉장고에 넣어둬야겠죠? 우리의 돈을 잘 지켜줄 냉장고를 찾는다고 생각해 보세요. 냉동 기능이 없거나 코드가 뽑혀 있는 상태의 냉장고라면 결국 아이스크림은 똑같이 녹아버리고 말겠죠? 그래서 냉동 기능도 있고 코드도 꽂혀 있는 좋은 냉장고를 찾는 게 중요해요. 좋은 냉장고는 아이스크림이 녹지 않게 보관해 줄 뿐만 아니라 아이스크림을 두 배, 세 배, 심지어 수십 배로 복사해 주는 기능도 있더라고요! 이렇게 좋은 기능을 가진 냉장고 중의 하나가 바로 집, 즉 부동산이에요. 우리나라 부동산은 연평균 8% 상승한다고 해요. 기준을 좁혀서 서울만 보면 연평균 12%나 상승하죠. 예적금 금리 4%, 5%보다 두 배 이상 높으면서 동시에 인플레이션도 피할 수 있는 좋은 냉장고예요.

그런데 이렇게 장점뿐인 것 같은 부동산에 정말 큰 문제가 하나 있는데요. 바로 주택 가격이 나의 소득이 증가하는 속도보다 더 빠르게 증가한다는 거예요. '부동산 10년이면 상위 10% 부자가 될 수 있다!'라는 사실을 깨닫고 주변에 부동산 하라며 권하고 다니던 시기가 있었어요.

"내가 부동산 해보니까 좋더라, 누구나 집은 꼭 한 번쯤 사야 하잖아? 내가 도와줄 테니까 시작하자."

주변 지인마다 주머니 사정이 모두 다 다르기에 그에 맞는 매물을 찾아서 투자할 수 있게 도와줄 생각이었어요. 그런데 그 이후 지금까지 제가 주변 지인을 설득해서 부동산 투자에 입문시킨 적은 이 책을 쓰고 있는 2025년 4월까지 단 한 명도 없어요. 제 주변의 지인들은 모두 이렇게 말하더라고요.

"지금은 돈이 부족하기 때문에 어렵고, 나중에 돈 모아서 해야 할 것 같아."

돈이 부족해서 '나중에, 나중에, 나중에….' 한다면, 도대체 돈이 충분할 때는 언제일까요? 그때가 오긴 하는 걸까요? 우리가 돈을 모으고 있는 그 순간에도 아파트 가격은 계속 높아지고만 있는데 말이죠.

아래 그래프는 'KB부동산'에서 제공하는 소득 대비 주택가격지수에요.

■ 'KB부동산' 이란?
아파트를 살 때 주택담보대출을 받으려면 아파트별 기준가격이 필요합니다. 이때 기준을 제시해 주는 사이트가 KB부동산이죠. KB부동산은 아파트별 최근 실거래가를 기준으로 KB시세를 제시합니다. 주택담보대출은 KB부동산이 제시한 KB시세를 기준으로 대출이 나오게 됩니다.
하지만 KB시세는 시장의 실거래가를 반영하다 보니 최대 3개월 정도의 시간 차이가 발생합니다. 그래서 아파트 가격이 상승하는 상승장에는 시장 거래보다 KB시세가 낮게 책정되어 대출한도가 실제 거래가보다 더 낮게 나오기도 합니다. 반대로 하락장에서는 KB시세가 더 높게 책정되어 더 많은 대출이 나오죠. 그렇기 때문에 아파트를 구매하는 최적의 시기는 KB시세가 더 높게 책정된 하락장에 구매하는 것입니다. 그렇지만 결국 아파트의 본질은 입지이기 때문에 가격에 너무 매몰되면 안 됩니다. 좋은 입지에서 저평가된 아파트를 찾는 것이 장기적인 관점에서는 더욱 중요합니다.

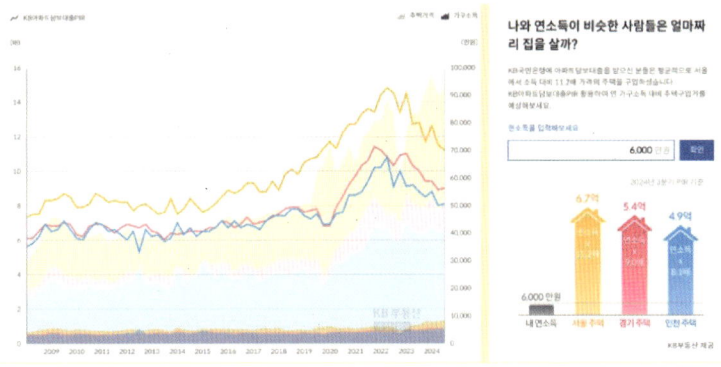

주택가격과 가구소득의 관계 (자료 - KB부동산)

　소득 대비 주택가격지수는 주택가격을 구매한 사람의 연봉으로 나눈 값을 말하는데요. 만약 연봉이 5,000만 원인 제가 5억 원의 주택을 구매했다면, 소득 대비 주택가격지수는 10이 되는 것이죠. 소득 대비 주택가격지수는 2000년 1월부터 데이터가 제공되는데, 이 지수는 그때부터 지금까지 꾸준히 올라서 2022년 최고점인 15를 기록하고 현재는 11.2의 지수를 보이고 있어요. 소득 대비 주택가격지수가 11.2라면 이건 무슨 의미일까요? 앞서 설명했던 것처럼 서울 지역에 아파트를 사는 사람들은 평균적으로 본인 소득의 11.2배의 돈이 필요했다는 겁니다. 연봉 6,000만 원의 사람들은 평균적으로 6.7억 원의 아파트를 샀고 소득의 11.2배에 해당한다는 의미죠. 바꿔 말하면 연봉 6,000만 원을 숨만 쉬고 모아도 11년 이상이 걸린다는 의미에요. 일단 숨만 쉬고 11년 동안 연봉을 모두 저축한다는 것도 불가능하지만, 11년 뒤 아파트 가격이 6.7억 원에 머물러있는 것 또한 불가능하답니다. 소득의 증가보다 아파트 가격이 오르는 속도가 더 빠르기 때문에 시간이 지나면 지날수록 아파트를 사려면 더 많은 돈이 필요하게 될 거예요. 그럼에도 불구하고 우리가 '돈을 모으면 언젠가 아파트 살 수 있다.'라고 잘못된 신념을 가지게 된 이유가 있는데요. 그건 바로 우리 부모님들의 프레임 때문이 아닐까요? '안정적인 직장에서 열심히 돈 모으면 아파트 살 수 있다.'라고 말씀하시는 우리 부모님 세대에서는 예적금 금리가 20%에 육박했어요. 실제로 그 당시엔 안정적인 직장에 다니며 월급을 저축하면 정말로 대출 없이 내 집 마련이 가능했었죠. 왜냐하면 아파트 가격보다 내가 저축하는 돈이 더 빠르게 성장했기 때문이에요. 그런데 지금 우리의 예적금 금리는 어떤가요? 금리가 높아야 5% 수준인 현시점에서 부모님 세대의 프레임을 지금 시대에 적용하는 건 시대착오적인 발상 아닐까요? 그래서 우린 부모님의 프레임을 새롭게 리프레임하고 지금까지 모아둔 돈을 활용해서 하루빨리 아파트를 사야 해요. 모아둔 돈이 인플레이션 맞서서 녹아 없어지고, 아파트 가격이 더 올라서 영영 살(BUY) 수 없는 지경이 되기 전에 말이죠. 그렇기 때문에 우리가 아파트를 사기 위해서 대출은 필수예요.

프레임(5) - 원금을 5배로 늘려주는 대출 레버리지

주변을 돌아보면 대출에 부정적인 시각을 가진 군인들이 너무 많더라고요. 안전, 안정 등을 최우선으로 하는 군 조직의 특성도 있겠고, 또 한편으로는 대출을 이용하는 경우 대부분 자산을 구매하는 게 아니라 차를 사거나 여행을 다니는 등 소비를 해버리기에 그런 프레임이 생긴 것 같기도 해요. 그런데 대출을 사용하지 않으면 집은 평생 못 살 수도 있다는 것을 소득 대비 주택가격지수를 보며 느끼셨을 거예요. 그렇기 때문에 대출이 위험한 게 아니라 대출받은 돈으로 가치가 하락하는 소비를 하는 것, 내 능력을 벗어난 한도의 금액을 대출받는 것이 위험하다는 걸 바로 알아야 해요.

군인이나 공무원같은 고용이 보장되어 있고 월급이 꼬박꼬박 나오는 사람들은 대출을 받기 유리합니다. 이게 얼마나 부러웠던지 일부 사람들은 '공무원은 철밥통이다'라고 말하기도 하죠. 그만큼 월급이 안정적으로 나온다는 의미인데요. 안정적인 월급을 이용해 받는 대출은 절대 위험하지 않습니다. 나라 경제가 어렵다고 수개월 월급이 체납되거나 갑자기 전역을 강요당하는 일은 없기 때문이에요. 그리고 월마다 상환해야 하는 원금과 이자를 제때 납부한다면 은행은 대출을 상환하라는 요구를 하지 않습니다. 그렇기 때문에 우리가 평소에 없는 셈 치고 저축하고 있는 돈으로 원리금을 성실히 갚으면 되는 겁니다. 그렇다면 은행에서는 빨리 대출 갚으라며 채무를 독촉당할 일은 절대 없는 것이죠. 그래서 우리는 안정적인 소득을 이용한 대출을 받아서 레버리지를 극대화할 겁니다.

레버리지

레버리지는 이 그림과 같이 작은 힘으로 큰 물건을 들게 만드는 '지렛대' 효과를 말하는데요. 우린 이렇게 레버리지 효과를 이용해서 집을 사야 합니다. 우리의 작고 소중한 돈에 대출을 더하면 집을 살 수 있을 정도의 큰돈이 되는데요. 실제론 5억 원 정도 하는 집을 내 돈 1억 원만 가지고도 살 수 있다면 믿어지시나요? 대출을 레버리지 한다면 우리가 모은 돈보다 5배나 덩치 큰 아파트를 살 수 있어요. 이 글을 작성하는 2025년 대출 시장은 여러 규제가 많아 다주택자의 시장진입은 철저히 막혀 있습니다. 그럼에도 불구하고 무주택자, 1

주택자에게는 대출의 문이 활짝 열려있어요. 아직까지 한 번도 집을 사지 않은 무주택자라면 주택 가격 상관없이 최대 6억 원의 대출이 나옵니다. 실거주 의무도 없고 단지 생애 최초로 집을 사는 무주택자라면 누구나 대출 이용이 가능합니다. 심지어 소득 조건도 없어서 부부 합산 소득이 1억 원이 넘는 군인 부부도 이용이 가능하죠. 글로만 설명하니까 너무 어렵죠? 그래서 '부동산 계산기'를 이용하여 아래 표를 만들어봤습니다.

> **■ 부동산 계산기란?**
> 부동산 관련 세금, 취득세, 재산세, 종합부동산세, 양도세 계산을 도와주는 사이트입니다. 자신이 구매하려는 주택의 가격, 지역, 자신의 주택 수, 보유 기간 등을 넣으면 쉽게 계산이 가능합니다. 은행 금리, 대출액, 상환기간 등을 넣어서 DSR을 산출해 볼 수도 있습니다.
> 부동산중개사를 통해 아파트를 매매하거나 임대차계약을 한다면 그 중개수수료도 계산 가능합니다. 부동산 취득 후에는 등기 절차를 거쳐야 하는데, 이때 도움을 받을 수 있는 법무사의 법무비도 계산 가능합니다. 법무비의 세부 유형과 금액을 제시해 주어 가격 비교를 위한 기준을 제시해 줍니다. 자세한 내용은 추후 '내 집 마련을 위한 비장의 무기'에서 다루겠습니다.

먼저 표를 보기 전에 간단하게 LTV와 DSR이 뭔지 설명드리려고 하는데요.

LTV는 'Loan to Value'의 약자로, 담보인정비율이라고 하며 쉽게 말해 주택가격 대비 몇 퍼센트까지 대출을 해주느냐입니다. 이때 주택가격의 기준은 KB부동산에 있는 KB시세가 기준이 되는데요. 예를 들어 KB시세가 5억 원인 주택을 LTV 한도 60%로 대출을 받는다면 3억 원까지 대출이 가능하지만 LTV 한도 80%로 대출받으면 4억 원까지 가능하게 되죠. LTV 20%에 무려 1억 원의 차이가 있는 겁니다. 그래서 LTV 한도가 높은 대출 상품일수록 유리합니다. 그렇기 때문에 무주택자에게는 주택가격의 80%까지, 즉 LTV 80%까지 대출을 해주는 생애최초 주택구매자금대출은 안 쓰면 손해일 정도로 정말 좋은 레버리지입니다.

DSR은 'Dept Service Ratio'의 약자로 총부채원리금상환비율이라고 하는데요. 쉽게 말해 대출상환액이 소득의 몇 퍼센트인가를 보는 겁니다. 그래서 DSR을 계산하려면 나의 소득과 대출에 해당하는 연 원리금 상환액을 알아야 하는데요. 나의 소득은 4대 보험에 가입되어 연말정산을 하는 직장인 기준으로 원천징수 영수증 발급이 가능한 최근 2년 소득의 평균으로 구하고, 연 원리금 상환액은 대출액에 대한 상환기간과 금리에 의해 결정되죠. 먼저 나의 기준 소득을 구하는 과정을 예로 들어보면, 2022년 원천징수 영수증상의 세전소득이 4,800만 원이고 2023년의 세전소득이 5,200만 원이라면, 나의 소득은 최근 2년의 평균으로 5,000만 원이 되는 거죠. 이렇게 나의 소득기준액을 구했다면 부동산 계산기를 이용해서 DSR을 구할 수 있는데요. 부동산 계산기의 DSR 계산 기능을 활용해서 연 소득에 나의 기준소득인 5,000만 원을 넣고 대출금, 대출 기간, 금리를 설정한 뒤에 계산을 누르면 연간 원리금 상환액이 나의 연 소득의 몇 퍼센트를 차지하는지(DSR 퍼센트)를 알려줘요. 좀 복잡하죠? 그래서 간단하게 DSR의 40%를 계산하는 공식을 만들어 봤습니다. 간단하게 내 연봉에 8.875를 곱해보세요. 그렇게 계산하면 40년 만기, 연 금리 4%로 대출을 받았을 때 나의 한도가 쉽게 계산됩니다.

소득 \ 대출액	3억 원 대	4억 원 대	5억 원 대	6억 원 대
4,000만 원	35,500만 원			
5,000만 원		44,375만 원		
6,000만 원			53,250만 원	
6,760만 원				60,000만 원

그렇게 계산을 해보니 6억 원의 대출을 모두 받을 수 있는 연봉의 기준액을 구할 수 있었는데요. 부부 합산 6,761만 원 이상 또는 연소득 6,761만 원 이상인 개인이 바로 그 기준입니다. 40년 만기, 연금리 4%를 적용했을 때 연 소득 6,761만 원 이상인 사람은 DSR 40%를 꽉 채운 6억 원의 대출이 모두 사용 가능하다는 계산이 나오는 것이죠. 그래서 부부 합산 6,761만 원 이상의 소득을 가졌다면 생애최초 주택자금대출을 이용해서 6억 원의 대출한도를 모두 사용하여 레

버리지를 극대화할 수 있습니다.

대출을 받을 때 레버리지를 극대화하려면 어떻게 해야 하나요?

● 대출을 얼마를 받아야 할지 모르겠다면 가장 많이 받으면 됩니다.

대출은 인플레이션을 역으로 이용하는 방법입니다. 인플레이션으로 인해서 화폐의 가치는 시간이 지날수록 가치가 떨어지죠. 미래에 있는 가치가 떨어진 돈을 현재로 가져오는 행위가 바로 대출입니다. 40년 뒤 미래에 6억 원의 돈은 2025년 현재의 화폐가치로 약 9,000만 원입니다. 무려 6배가 넘는 가치 하락이 있는 것이죠. 우리는 대출을 이용해서 미래에 화폐가치가 떨어져 있는 6억 원의 돈을 현재로 가져올 겁니다. 그렇게 가져온 돈이 미래에 가치가 상승하는 자산을 구입하는데 사용된다면 그 결과는 상상을 초월합니다. 레버리지와 복리 효과가 결합되어 만들어진 최고의 성과를 볼 수 있는 것이죠.

● 대출을 몇 개월 동안 상환해야 할지 모르겠다면 가장 길게 잡으면 됩니다.

대출금리는 원리금 상환액에 직접적인 영향을 주는 요소이지만 대출 기간이 늘어나면 매달 상환하는 원리금 상환액이 간접적으로 줄게 됩니다.
아래 표는 6억 원을 4% 금리로 대출받고 상환기간을 30년, 40년, 50년으로 설정했을 때의 원리금 상환액 이에요.

30년	40년	40년
2,864,492원	2,507,631원	2,314,242원

상환기간이 길어질수록 매월 상환해야 하는 금액이 줄어듭니다. 월 상환액이 적을수록 좋겠죠?
이렇게 연 소득이 높아서 DSR이 여유로운 상황이라면 대출을 사용하기에 부담이 없죠. 하지만 대출의 한도는 DSR만 보는 것이 아니라 LTV도 보기 때문에 주택의 가격이 너무 낮아도 레버리지를 극대화할 수 없게 됩니다. 왜냐하면 결국 LTV 80%와 DSR 40% 중 적은 금액을 기준으로 대출이 가능하기 때문인데요. 그렇다면 LTV 80%를 적용했을 때 6억 원의 대출을 모두 사용할 수 있는 주택의 가격은

얼마일까요? 7억 5,000만 원 이상의 아파트를 구매한다면 6억 원의 대출을 모두 사용 가능합니다. 그래서 연 소득이 7천만 원을 넘는 부부라면 생애최초 주택을 구매할 때는 7억 5,000만 원 이상의 아파트를 구입하는 것이 레버리지를 최대로 이용할 수 있는 방법이에요. DSR과 LTV를 모두 최대한도로 사용할 수 있기 때문이죠.

이렇게 레버리지를 최대로 이용하면 결국 복리 공식에서 나의 원금을 5배로 늘리는 효과를 가져옵니다. 7억 5,000만 원의 아파트를 사는 데에 6억 원의 대출을 받으면서 내 돈 1억 5,000만 원만 있어도 되는 것이죠. 1억 5,000만 원의 돈으로 그 다섯 배인 7억 5,000만 원의 아파트를 구매할 수 있기 때문에 내 원금이 다섯 배가 되는 효과가 나는 거예요. 결과적으로 투자금을 최소화할 수 있는 건 레버리지를 극대화하는 거지요. 레버리지 극대화는 아래 세 가지만 기억하세요.

1. 연봉 8.875배
금리 4%, 상환기간 40년, DSR 40%를 적용한 대출한도

2. 저축액 5배
LTV 80%를 적용했을 때 내가 보유한 현금을 모두 사용해서 구매 가능한 아파트 가격

3. 연봉 7천 이상, 주택가격 7억 5,000만 원 이상
생애최초 주택구매대출의 대출한도인 6억 원을 모두 사용해서 레버리지 극대화 할 수 있는 연봉과 주택가격

그런데 나도 대출이 잘 나올까?

나도 6억 원의 대출이 나올 수 있을지가 걱정되시죠? 걱정 마세요. 앞에서 말씀 드렸죠? 누군가는 군인을 철밥통이라고도 부른다고요. 비록 편의점 알바보다 월급이 작다며 놀림 받기도 하지만 경제가 좋던 나쁘던 단 한 번의 임금 체불 없이 봉급은 꼬박꼬박 매달 10일에 들어오죠. 심지어 10일이 주말이라면 더 일찍 넣어주는 우리의 안정적인 급여는 엄청난 무기입니다. 그렇기 때문에 은행에서 군인은 VIP고객입니다. 내가 사려는 아파트가 있는 지역의 은행에 복무확인서 등 군인신분을 확인하는 서류를 들고 가서 '○○ 아파트 구매하려는 데 대출 상담 받으

> 려고요.' 하며 대출상담을 받아보세요. 큰 문제 없이 대출을 받을 수 있다는 것을 느끼실 거예요. 군인이라 직접 은행을 방문하는 게 어렵다면 인터넷 뱅킹을 이용해도 됩니다. 카카오뱅크, 토스 등 인터넷뱅킹을 이용해서 주택담보대출의 한도를 알아보는 방법도 있어요. 연봉, 기존 부채 등 간단한 사항만 넣으면 몇 분 만에 내 대출한도 조회가 가능하죠.

프레임(6) – 내 집에 내가 안 살아야 자산이 된다

『부자 아빠 가난한 아빠』의 저자로 유명한 로버트 기요사키는 집은 자산이 아니라 부채라고 했습니다. 기요사키가 말한 자산이 아닌 부채인 집은 내 집에 내가 살고 있는 실거주 형태일 때를 말합니다. 왜냐하면 4%의 금리로 6억 원을 대출받았으면, 상환기간을 최대인 50년으로 설정한다고 하더라도 매달 상환하는 원리금은 무려 230만 원이 넘습니다. 월 200만 원이 넘는 대출상환액은 누구나 부담스러운 액수라고 생각할 거예요. 내 집에 내가 실거주를 한다면 월 200만 원이 넘는 부담스러운 금액을 매달 내야 하는데요. 이렇게 산다면 정말 월급이 내 통장을 스쳐 지나간다는 게 뭔지 정확히 이해하게 될 것 같네요. 반면에 내 집에 내가 실거주하는 게 아니라 세입자가 산다면 어떤 효과가 있을까요?

저는 부동산을 3채 소유하고 있는데요. 제가 이렇게 많은 부동산을 군인 봉급으로 마련할 수 있었던 것은 관사 덕분이에요. 관사를 제공받은 군인이기에 저는 관사에 살고, 그동안 제 집 3채에는 모두 세입자가 거주하는 것이죠. 이렇게 집주인은 관사에 살면서 내 집에는 세입자를 넣어야 부동산이 부채가 아닌 자산이 될 수 있어요. 그래야만 월급이 내 통장을 그저 스쳐 가지 않을 수 있습니다. 예를 들어 볼게요. 7억 5,000만 원의 집에 월세 150만 원을 내는 세입자를 받아요. 그렇다면 230만 원 중에서 세입자가 150만 원을 내주고 집주인인 나는 남은 80만 원만 내면 되죠. 200만 원의 돈이 순식간에 80만 원으로 줄어들었어요. 간단히 말해서 다들 월에 80만 원 정도는 저축하시잖아요? 그동안 적금 들었던 것만 아파트에 넣는다고 생각하면 전혀 어렵지 않아요. 내 삶이 고달파진다거나 허리띠를 더 졸라맬 필요도 없죠. 그런데 대출을 받은 집에 월세를 넣을 수 있냐고요? 네, 가능합니다. 주택담보대출은 내 집을 담보로 은행과 같은 금융회사에서 돈을 빌리는 것을 말하는데요. 주담대를 받은 집에는 근저당이 설정되어 '이 집은 어느 은행이 담보로 잡아서 돈 얼마를 빌려줬습니다'라고 등기부등본에 적히게 됩니다. 우리 집에 들어오려는 세입자도 당연히 등기부등본을 볼 수 있기에 근저당이 많이 잡혀 있는 집은 꺼리기도 하는데요. 왜냐하면 근저당이 많다는 것은 곧 빚이 많은 사람이고, 결국 채무 관리를 못해서 이 아파트가 경매로 넘어가게 된다면 보증금을 돌려받지 못하는 상황이 될 수도 있기 때문에 걱정하는 것이죠. 무슨 일이 있어도 세입자의 보증금을 돌려주는 법이 따로 있는데요. 바로 아래 표에 있는 소액임차인과 우선변제 금액이에요.

소액임차인의 범위

아래 구분에 따른 기준 금액을 보증금으로 지불한 임차인이 소액임차인에 해당합니다.

구분	기준 금액
서울특별시	1억 6천 500만 원 이하
「수도권정비계획법」에 따른 과밀억제권역(서울특별시 제외), 세종특별자치시, 용인시, 화성시 및 김포시	1억 4천 500만 원 이하
광역시(「수도권정비계획법」에 따른 과밀억제권역에 포함된 지역과 군지역 제외), 안산시, 광주시, 파주시, 이천시 및 평택시	8천 500만 원 이하
그 밖의 지역	7천 500만 원 이하

우선변제 금액

소액임차인이 우선변제를 받을 수 있는 금액은 그 보증금 중 다음의 구분에 따른 금액입니다. 이 경우 우선변제 금액이 주택가격의 2분의 1을 초과하는 경우에는 주택가격의 2분의 1에 해당하는 금액을 변제받습니다.

구분	기준 금액
서울특별시	최대 5천 500만 원
「수도권정비계획법」에 따른 과밀억제권역(서울특별시 제외), 세종특별자치시, 용인시, 화성시 및 김포시	최대 4천 800만 원
광역시(「수도권정비계획법」에 따른 과밀억제권역에 포함된 지역과 군지역 제외), 안산시, 광주시, 파주시, 이천시 및 평택시	최대 2천 800만 원
그 밖의 지역	최대 2천 800만 원

쉽게 말해서 서울 기준 세입자의 보증금이 5,500만 원 이하라면 어떤 일이 있어도 세입자는 보증금을 돌려받을 수 있는데요. 집주인이 근저당에 대한 채무불이행, 즉 원리금을 성실히 상환하지 않아서 집이 경매로 넘어간다고 하더라도 세입자의 보증금은 모두 돌려준다는 것입니다. 그렇기 때문에 근저당이 있는 집이더라도 5,500만 원 이하의 소액으로 보증금을 세팅하면 월세 세입자를 받는 데 아무런 문제가 없습니다.

머리는 내 집에 세입자를 들이고 나는 가족과 함께 열악한 관사에 거주해야 하는 걸 이해하고 있어도 실제로 그렇게 하는 게 썩 내키지 않고 불편하실 수도 있습니다. 하지만 꼭 관사에 사셔야 합니다. 관사를 벗어나는 순간 아파트를 살 수 있는 확률이 극히 줄어듭니다. 왜냐하면 관사에 살지 않으면 매달 별도의 주거비용으로 적게는 수십, 많게는 수백만 원을 고정적으로 쓰게 될 것이기 때문입니다. 결과적으로 아파트를 사기 위해 확보해야 하는 잉여생산물인 저축할 돈도 줄어들면서 자산이 모이는 속도도 자연스럽게 줄어들겠죠. 그렇다면 대출을 이용하더라도 내가 보유한 현금의 양이 작아서 집을 살 수 없게 되고 결국 아파트 가격이 상승하는 속도를 영영 따라잡지 못하면서 평생 내 집 마련을 할 수 없게 될 수도 있습니다. 앞서 언급했던 마시멜로 실험처럼 지금 당장 좋은 집에 살고 싶은 욕구를 참고 미래의 보상에 집중한다면, 우리의 미래는 더욱 행복해질 거예요.

군인은 부동산 투자하기에 가장 좋은 직업입니다. 안정적인 봉급과 거의 무료로 제공되는 관사로 레버리지를 극대화할 수 있기 때문이죠. 이렇게 좋은 조건을 가졌는데 부동산 투자를 하지 않을 이유가 없겠죠?

> **수억 원의 대출을 받아본 적이 없어서 무서워요.**
>
> 맞습니다. 저 역시 통장잔고에 1억이 찍힌 걸 본 적도 없는데 주택담보대출을 4억 원이나 받았던 경험이 있어요. 그땐 4억 원이란 돈이 정말 큰 금액으로 느껴져서 돈에게 압도당하는 기분이었죠. 그래서 '이거 잘못하다가 인생 망하는 거 아닌가?' 하는 생각도 들었고요. 왜냐하면 제 연봉으로 4억 원을 모으려면 정말 숨만 쉬고 10년 동안 일해야 했거든요. 심지어 제가 주담대를 받은 시기에는 대출 금리도 높아서 거의 5%에 육박하는 금리로 대출을 받았고, 상환기간 또한 50년 만기를 선택할 수 없던 시기라 40년 상환으로 할 수밖에 없었죠. 그렇게 원리금 상환액을 계산해 보니 월 185만 원이라는 부담스러운 금액이 나오더라고요. 이 금액은 그 당시 제가 받는 봉급의 절반이 넘는 부담스러운 금액이었어요. 그럼에도 불구하고 제가 지금까지 아파트를 보유할 수 있었던 것은 세입자의 도움을 받았기 때문인데요. 저는 관사에 살면서 제 아파트에는 월세 세입자를 받았어요. 그렇게 받은 월세로 원리금을 상환했죠. 결국 월 185만 원이라는 금액은 세입자의 월세와 상쇄되어 65만 원으로 낮아졌어요! 그리고 그 금액은 제가 매달 저축하던 돈보다 훨씬 더 적은 금액이었기 때문에 부담도 없었고요. 그렇게 원래 제가 저축하고 있던 돈을 공제회나 적금이 아닌 부동산이라는 형태로 모으게 된 것이죠. 실제로 수백만 원의 원리금이 수십만 원으로 줄어들었고 내가 저축하는 돈이 현금이 아닌 자산의 형태(부동산)로 모아지고 있다고 생각을 바꾸니까 마음도 한결 편안해지더라고요. 그렇게 월에 150만 원을 저축하는 제 삶에는 변함이 없지만 제 돈은 부동산의 형태로 저장되어 인플레이션을 피하면서 복리의 마법도 적용되고 있는 것이죠. 부동산의 형태로 모이는 제 돈은 제가 따로 신경 쓸 필요 없이 매일매일 성장하고 있어요.

프레임(7) - 위기 속에서도 기회를 보는 기술, 긍정 마인드

"낙관주의자는 위기 속에서 기회를 보고, 비관주의자는 기회 속에서 위기를 본다." 영국의 총리였던 윈스턴 처칠이 한 말인데요. 여러 자기개발서에서도 "비관론자보다는 낙관론자가 되라"고 말합니다. 성공한 모든 사람들이 그렇게 이야기하는 이유는 비관론자는 기회를 보고도 위기라고 생각해서 행동하지 못하기 때문이 아닐까 생각합니다.

주식을 하는 90%의 사람들은 돈을 잃어 손해를 본다고 합니다. 이런 통계가 있다 보니 대부분의 경우는 '주식을 하면 돈을 잃는다'고 생각하고는 주식을 하면 안 되겠다고 다짐해 버리더라고요. 그런데 정작 그 90%의 사람들이 왜 돈을 잃는지는 궁금해하지 않아요. 쉽게 말해서 돈을 잃지 않으려면 손해를 보는 사람들이 투자하는 방식을 분석해서 그렇게 하지 않으면 될 텐데 말이죠. 부동산 투자도 마찬가지예요. 아파트 가격이 오르면 너무 많이 오른 것 같아서 사지 않고 반대로 가격이 떨어지면 더 떨어질 것을 예상하며 사지 않죠. 문제를 대하는 올바른 자세는 마주한 문제를 분석하고 올바른 판단을 내리는 것입니다. 그런데 문제를 분석하고 올바른 판단을 내려 해결하려는 노력 없이, 그저 행동하면 안 되는 이유를 찾으며 핑계와 변명을 일삼는 태도는 정말 최악이에요. 아무 일도 하지 않으면 아무 일도 일어나지 않습니다. 당신이 진정 변화를 원한다면 말로만 할 것이 아니라 올바른 방향성을 갖고 행동해야 합니다.

저는 매우 긍정적인 사람인데요. 그래서 한 아이돌이 유행시킨 '럭키비키'나 밈으로 유행하는 '오히려 좋아'와 같이 위기의 상황 속에서도 긍정적인 관점으로 기회를 보는 것을 좋아하죠. 저는 제가 보유한 자산이 떨어질 때 "오히려 좋아"를 외칩니다. 왜냐하면 저렴한 가격에 나의 자산을 늘릴 수 있는 절호의 기회가 왔다고 생각하기 때문이죠. 이렇게 생각할 수 있는 배경은 제가 가진 자산들이 결국엔 우상향하는 자산이라는 것을 확신하기 때문입니다. 그러나 아무 근거 없이 무조건 좋은 결과를 기대하는 건 아닙니다. 뭐든지 내가 가보지 않은 길이라면 먼저 가 본 사람에게 물어보면서 내가 가진 의문과 불안을 확신으로 바꾸려고 해요. 도저히 물어볼 사람이 없다면 그 분야에서 성공한 사람이 쓴 책을 보죠. 그렇게 성공한 사람들의 경험을 레버리지하여 내가 가는 길에 적용해 보세요. 그래서 하락장이 왔을 때 눈물을 머금고 손실을 실현하는 게 아니라 저처럼 "오히려 좋아"를 외치며 '줍줍' 하는 분들이 많아졌으면 좋겠습니다.

2부

내 집 마련 이렇게 하세요

1장.
내 집 마련을 위한
비장의 무기

선사시대 인류의 역사는 구석기, 신석기, 청동기, 철기처럼 도구의 발달로 구분되어 있을 만큼 역사적 기록이 없어도 그 생활 모습이 너무나도 달라서 구분이 될 정도입니다. 이렇게 도구는 우리의 삶을 획기적으로 바꿔주는데요. 그렇기 때문에 내 집 마련을 위한 과정에서도 적절한 도구를 사용해서 나에게 맞는 가장 좋은 아파트를 찾는 것이 정말 중요합니다. 그래서 이번에는 내 집 마련을 도와주는 도구들을 소개하려고 합니다.

안 그래도 야근하고 당직 서고 아이들과 놀아주느라 시간이 없는데, 아무런 도움 없이 좋은 아파트를 찾기란 정말 어렵고 힘든 일이라는 것을 저도 알고 있습니다. 성공적으로 내 집 마련을 하기 위해서는 서로 다른 아파트의 입지를 분석하고 서로 비교하는 과정이 계속 반복되어야 하는데요. 이 과정은 정말 시간도 오래 걸리고 힘들죠. 어떤 분들은 이렇게 입지를 분석하고 비교하는 반복되는 과정에서 지쳐서 내 집 마련을 포기하기도 하셨습니다. 그래서 부동산 입지 분석을 위한 도구들을 소개해 드리려고 해요. 여기 있는 도구를 사용하면 누구나 쉽게 좋은 입지에 있는 아파트를 고를 수 있을 거라고 확신합니다. 왜냐하면 각종 도구들이 제공하는 다양한 기능들이 부동산 초보도 쉽게 데이터를 뽑아내고 비교할 수 있게 해주기 때문인데요. 저도 부동산 초보 시절 쉽게 사용했었기에 여러분도 사용하시는 데에도 어려움이 없을 거라 생각합니다. 그렇다면 각각의 도구를 어떻게 사용하면 좋은지 알아보겠습니다. 지금부터는 노트북이나 컴퓨터 앞에서 소개하는 도구들을 직접 조작해 보며 읽는 것을 추천 드립니다. 더 빠르게 사용법을 습득하는 데 도움이 될 거예요.

호갱노노

호갱노노는 지도를 보며 직관적으로 실거래가, 평당가 등을 확인하기 좋아요. 호갱노노는 전용 어플이 있는데요. 이 어플에 회원가입을 하거나 기존에 사용하는 카카오 계정으로 간단하게 로그인하면 모든 기능을 제한 없이 이용 가능합니다. 호갱노노에 접속하면 중앙

호갱노노 - 아파트 실거래가 1등 앱

국토교통부 아파트 실거래가와 시세를 지도에서 한눈에! 가장 많이 오른 아파트, 인기 아파트 등 아파트에

https://hogangnono.com/

호갱노노

에 지도가 있고 우측에 지도, 필터, 주변, 거리, 정책, 숨김, 집 모양 메뉴가 있어 다양한 기능을 이용 가능한데요. 하나씩 순서대로 자세히 알아볼게요.

지도는 위성, 지적도, 거리뷰 중 선택 가능한데, 위성은 보기 불편한 감이 있지만 용도지역 확인을 위해 지적도를 사용하거나 현장 임장 전 온라인으로 거리뷰 기능을 사용해서 아파트 주변 환경을 확인하기 좋아요. 지적도 범례별 용도지역과 용도지역의 특징은 아래 표를 참고하세요. 개인적으로 지적도와 용도지역을 이해하고 분석하는 것은 재개발, 재건축 등 부동산 투자를 좀 더 전문적으로 할 때 필요한 지식이라고 생각해요. 처음으로 내 집 마련에 도전하는 초보자는 자세히 몰라도 되는 내용이니까 이런 게 있구나 정도로 이해하고 넘어가시면 될 것 같습니다.

구분		세분(시행령)	범례	지정 목적
도시 지역	주거 지역	제1종전용주거		단독주택 중심의 양호한 주거환경 보호
		제2종전용주거		공동주택 중심의 양호한 주거환경 보호
		제1종일반주거		저층주택 중심의 주거환경 조성
		제2종일반주거		중층주택 중심의 주거환경 조성
		제3종일반주거		중고층 중심의 주거환경 조성
		준주거		주거기능에 상업 및 업무기능 보완
	상업 지역	중심상업		도심, 부도심의 상업·업무기능 확충
		일반상업		일반적인 상업 및 업무기능 담당
		근린상업		근린지역의 일용품 및 서비스 공급
		유통상업		도시 내 및 지역 간 유통기능의 증진
	공업 지역	전용공업		중화학공업, 공해성공업을 수용
		일반공업		환경을 저해하지 아니하는 공업의 배치
		준공업		경공업 수용 및 주·상·업무기능의 보완
	녹지 지역	보전녹지		도시의 자연환경·경관·산림 및 녹지공간 보전
		생산녹지		농업적 생산을 위하여 개발을 유보
		자연녹지		보전할 필요가 있는 지역으로 제한적 개발 허용
관리 지역		보전관리		보전이 필요하나 자연환경보전지역으로 지정이 곤란한 경우
		생산관리		농림업의 진흥과 산림의 보전을 위하여 필요
		계획관리		도시지역 편입이 예상, 계획·체계적 관리 필요
농림 지역		–		농림업의 진흥과 산림의 보전을 위하여 필요
자연환경 보전지역		–		자연환경 등의 보전과 수산자원의 보호·육성

지적도 범례별 용도지역

용도지역			건폐율	용적률
도시지역	주거지역	제1종전용주거	50% 이하	100% 이하
		제2종전용주거	50% 이하	150% 이하
		제1종일반주거	60% 이하	200% 이하
		제2종일반주거	60% 이하	250% 이하
		제3종일반주거	50% 이하	300% 이하
		준주거	70% 이하	350% 이하
	상업지역	중심상업	90% 이하	1500% 이하
		일반상업	80% 이하	1300% 이하
		근린상업	70% 이하	900% 이하
		유통상업	80% 이하	1100% 이하
	공업지역	전용공업	70% 이하	300% 이하
		일반공업		350% 이하
		준공업		400% 이하
	녹지지역	보전녹지	20% 이하	80% 이하
		생산녹지		100% 이하
		자연녹지		100% 이하
관리지역		보전관리	20% 이하	80% 이하
		생산관리		80% 이하
		계획관리	40% 이하	100% 이하
농림지역		-	20% 이하	80% 이하
자연환경보전지역		-	20% 이하	80% 이하

용도지역의 특징

필터는 평형, 가격, 입주년차, 세대수, 주차 공간, 전세가율, 갭 가격, 계단식과 복도식, 난방 형식(지역난방, 개별난방, 중앙난방)을 설정 가능한데 잘 활용하면 나에게 맞는 좋은 아파트를 찾기 쉽습니다. 특히, 평당가를 띄워서 비교하는 방법은 평수 차이로 인해 거래가가 오염되는 걸 막아줘요. 평당가는 아파트의 모든 요소(평형, 가격, 입주년차, 세대수, 주차 공간 등)를 포함한 수치이기 때문에 거시적인 관점에서 서로 다른 아파트를 비교하기 좋은 데이터예요.

주변을 누르면 광역버스, 초등학교, 중학교, 고등학교, 어린이집, 유치원에 관한 주변 정보 확인이 가능한데요. 광역버스를 선택하면 지도에 버스 모양의 버스 정거장이 표시되며 정거장을 누르면 역에 정차하는 모든 광역버스 번호를 확인 가능하죠. 모든 노선 보기를 눌러 버스 노선을 켜고 끌 수도 있어요. 초, 중, 고등학교를 누르면 지도 내 학교별 학생 수가 나타나게 되는데요. 지도에 표시된 학교를 누르면 초, 중, 고 상세 현황을 볼 수 있죠. 초등학교는 학급당 학생 수, 교사당 학생 수, 1인당 급식비, 방과후학교 프로그램 수 확인이 가능하며 자치구 평균, 서울시 평균과 비교해 줘서 내가 보고 있는 학교가 서울에서 어느 정도 수준인지 비교하기 좋아요. 중학교는 초등학교에서 제공했던 정보와 함께 특목고 진학 학생 수를 보여주는데요. 과학고, 자사고, 외국어고, 국제고, 특성화고, 기타 등으로 구분하여 볼 수 있고 학교 학생의 1인당 평균 장학금 정보도 함께 제공하죠. 고등학교는 특목고 진학 정보 대신 대학 진학 정보를 제공하는데 대학교,

유학, 전문대, 취업 기타 등으로 구분해서 알려줘요. 어린이집은 국공립, 직장, 가정, 민간, 사회복지법인, 법인단체 등으로 나눠 표시되며 클릭하면 상세 페이지에는 혼합인지 분반인지 반이 구성되는 형태와 원아 구성, 교사 1명당 유아 수, 총 교사 수를 알려줍니다. 유치원을 누르면 지도에 사립과 공립으로 구분되어 표시되며 연령별 월평균 교육비가 함께 나와요.

거리는 지도에서 거리를 잴 때 쓰는데요. 현장 임장을 자주 갈 수 있으면 아파트를 방문한 뒤 직접 걸어보면서 시간을 측정할 수 있죠. 하지만 군인이라는 직업 특성상 현장 임장을 자주 갈 수 없는데요. 이런 아쉬움을 이 기능을 활용해서 조금 달래줄 수 있습니다. 온라인 임장을 하며 거리재기 기능을 활용해서 아파트에서 역까지 몇 미터인지, 도보로 갈 때와 자전거를 타고 갈 때는 각각 몇 분이 걸리는지 확인이 가능해요. 거리를 누르고 지도를 클릭하면 거리 측정이 시작되고 클릭할 때마다 선을 꺾을 수 있어요. 거리 측정을 마치고 싶으면 키보드 ESC를 누르면 되는데요. 그럼 최종적으로 총 거리와 도보, 자전거로 얼마나 걸리는지를 알려주고 꺾인 구간별 거리도 볼 수 있어요. 거리 기능을 많이 이용하면 지도가 점점 가려져 불편한데요. 이때는 박스 안의 X를 누르면 측정한 거리 데이터가 지워지게 됩니다.

규제에 관한 내용도 사실상 내 집 마련을 막 시작한 부동산 초보를 위한 내용은 아니에요. 그래서 내용을 이해하고자 웹사이트에 검색을 하면서 시간을 소비할 필요는 없다고 생각합니다. 이런 내용들은 좀 더 전문적인 부동산 투자를 위해 알아야 하는 것이기 때문에 그냥 이런 게 있구나 하고 넘어가도 관계없어요. 규제는 지역, 대출, 청약, 세제, 전매제한, 정비사업, 기타 순으로 구성되어 있어요. 지역은 투기지역, 투기과열지구, 조정대상지역, 민간택지 분양가 상한제 적용 지역을 알려주는데요. 2025년 1월 기준으로 사실상 규제지역은 서울 용산, 서초 강남, 송파 뿐이에요. 그래서 지금은 결국 투기지역, 투기과열지구, 조정대상지역, 민간택지 분양가 상한제 구분은 큰 의미가 없고 그냥 한 번에 규제지역으로 묶어서 보면 돼요. 하지만 나중에 부동산 정책이 변경되어 규제지역에 대한 변경이 있다면 재확인이 필요하겠죠? 대출은 규제지역 내 가계대출, 서민/실수요자 우대 혜택, 생애최초 주택구매자, 사업자 대출 제한을 알려줘요. 청약은 1순위 자격요건 강화 및 해당지역 거주자 우선공급, 1순위 청약 일정 분리(해당 지역, 기타), 민영주택 일반공급 가점제 적용 확대, 민영주택 가점제 적용 비율, 재당첨 제한, 오피스텔 거주자 우선 분양, 분양 가격 9억 원 초과 주택 특별공급 제한 등 세부 사항들을 알려줘요. 세제는 규제 지역 내 양도세 중과, 양도세 주택 수 산정 시 농어촌주택 포함, 취득세 중과 대상 특례 배제, 다주택자 장특공 배제, 다주택자 종부세 추가 과세, 1세대 1주택 비과세 보유 및 거주 요건, 일시적 2주택자의 종전 주택 양도 기간, 취득세 중과 제외되는 일시적 2주택자 등 정보를 알려주죠. 전매제한은 수도권과 비수도권을 나누어서 규제지역, 과밀억제권역, 기타별 전매제한 기간을 알려주고 정비사업은 규제지역 내 재건축사업 조합원당 재건축 주택공급 수 제한(1주택), 재건축 사업 조합원 지위 양도제한, 재개발사업 조합원 지위 양도제한 등을 알려줍니다. 기타에는 규제지역 내 주택 취득(거래가액 무관) 시 자금조달계획서 신고 의무화에 따른 기존 주택보유현황, 현금 증여 등 신고 항목 확대에 대한 사항을 알려줘요.

숨김을 누르면 지금까지 지도에 표시된 모든 항목들을 사라지게 해줍니다.

가장 아래에 있는 집 모양을 누르면 선택 안 함, 입주 시기, 세대수, 평당가격, 갭 가격, 전세가율, 월세 수익률, 용적률, 건폐율, 임대 사업률, 고가상승률 중 한 가지를 적용하여 아파트 단지별로 볼 수 있는데요. 앞서 말했던 것처럼 부동산의 가치를 분석하고 싶을 때는 평당가격으로 설정하여 비교하는 게 좋아요. 왜냐하면 지도에 표시된 내용을 보면 아파트 단지 대표 평수의 실거래가가 표시되는데 이는 평수 차이로 인한 데이터의 오염을 보정해 주지 않아 비교가 어려운데 평당가로 설정하게 된다면 이런 오염을 방지할 수 있기 때문이에요. 갭 가격과 전세가율은 세입자의 보증금을 이용한 갭투자의 방식을 사용할 때 좋은데요. 전세가율 80% 이상의 아파트가 있다면 생애최초 주택구매대출의 LTV 80%보다 더 높은 레버리지가 사용 가능한 것이기 때문에 갭 가격을 확인해서 투자 가능 여부를 판단해 보는 것도 좋아요. 하지만 이 과정은 가격을 참고해서 더 유리한 쪽을 판단하라는 거지 가격만 보고 투자를 진행하라는 게 아니에요. 부동산의 본질은 입지이기 때문에 입지분석은 항상 필수로 해야 합니다.

지도 왼쪽 메뉴를 보면 가장 위에 아파트를 검색할 때 사용하는 검색창이 있는데요. 이 검색창에 아파트를 검색하면 아래 주소와 아파트 이름이 뜨죠. 보고 싶은 아파트를 클릭하면 지도가 해당 아파트로 이동되며 아파트의 정보를 확인할 수 있어요. 맨 위에 아파트의 이름과 주소가 고정되어 있고 매매와 전세를 눌러서 관련된 상세 페이지로 변경이 가능합니다. 평수를 눌러 아파트 평수별 세대수, 매매와 전세의 실거래가를 볼 수도 있어요. 이야기를 누르면 단지 내 거주자의 리뷰라고 할 수 있는 실거주자가 말하는 아파트 이야기를 볼 수 있죠. 그런데 실거주자의 리뷰는 사실상 큰 도움이 되지 않아요. 왜냐하면 누구든 내가 살고있는 집에 적응하기 마련이고 내가 사용하는 물건을 좋게 평가하기 때문인데요. 거주한 지 얼마 되지 않은 사람이 남긴 리뷰라면 신뢰성이 있을 수도 있으나 수년 이상 거주한 사람들이 작성한 이야기들은 걸러 들을 필요가 있어요.

아래 상세 페이지로 내려가면 매매 또는 전월세의 최근 3년, 전체 기간 실거래가를 볼 수 있는데요. 실거래가는 2006년 1월부터 현재까지 볼 수 있습니다. 실거래가별 동수와 층수까지 확인할 수 있는 점이 정말 좋은데요. 왜냐하면 로얄층은 보통 고층이라서 소음이 적고 뷰가 확보되는 게 일반적인데 로얄동은 아파트는 단지별로 달라서 매번 분석이 필요하기 때문이에요. 실거래가에서 동수와 층수를 확인할 수 있다면 이 데이터로 로얄동 분석이 가능하기 때문에 좋습니다. 실거래가 차트의 한 지점과 다른 지점을 '드래그 앤 드랍' 하면 해당 기간의 실거래가 차액과 상승률, 거래량을 확인할 수도 있는데요. 실거래가 차트의 좋은 점은 매매와 전월세 실거래를 함께 확인하며 나의 실질적인 투자금을 계산해 볼 수 있다는 것이에요. 예를 들어 대출을 실행한 뒤 월세를 받는다면 보증금으로 회수되는 금액은 얼마인지, 월세로 인해 줄어드는 원리금이 얼마인지를 전월세 실거래가를 기준으로 해서 계산해 볼 수 있어요. 매매와 전세 그래프를 동시에 볼 수도 있는데요. 이는 갭 가격과 전세가율을 보여주기에 갭 투자를 하려고 할 때 사용하면 좋죠. 이 차트에도 '드래그 앤 드랍'을 할 수 있는데 그렇게 하면 해당 기간에 매매가 상승률과 전세가 상승률을 비교하기 편하게 보여줘요. 비교를 누르면 동일단지의 모든 평형과 타입을 선택하여 비교해 볼 수 있어요. 비교 기능을 이용하면 앞서 말한 실거래가의 분포를 보며 로얄동과 평형별 로얄 타입을 유추해 내기 좋아요. 단지의 로얄 타입이 정해지면 로얄 타입이 구성된 동이 자연스럽게 로얄동이 되는 것이죠.

 지역 평당가도 비교해 주는데 내가 보고 있는 아파트의 동일 평형 아파트 중 주소지별 동 평균, 구 평균, 시 평균과 비교해 주는데요. 변동률 비교를 누르면 평당가를 비교했던 동일한 순서로 상승률과 하락률을 비교해 줍니다. 기간은 동일 평형 평당가 비교와 변동률 비교 모두 3개월, 6개월, 1년, 3년 중에서 선택 가능해요. 만약 해당 단지에 경매가 진행 중인 사건이 있다면 진행 중 경매 정보가 확인 가능합니다. 동호수와 유찰 횟수, 최저가가 나오고 옆에 화살표를 클릭하면 대법원 사이트에 접속해서 상세 정보를 확인할 수 있게 도와줍니다.

거래세, 보유세와 같은 세금도 확인이 가능한데 거래세는 예상 거래가에 대한 취득세와 지방세, 그리고 농어촌특별세의 총합이에요. 보유세는 재산세나 종합부동산세를 말하죠. 중개보수율별 중개수수료도 볼 수 있는데요. 보유세는 평형별 공시지가 예상 증감률을 설정해서 올해 예상 세금이나 내년의 예상 세금을 볼 수 있고 3년 전 과거 공시가와 재산세, 종부세 합계를 볼 수도 있어요.

타입 / 동 정보에서는 평형별 타입을 보여주고 다른 타입을 선택하면 해당 타입이 있는 동을 알려줘요.

호갱노노에서도 제한적으로 대출 계산 기능을 제공하는데요. 나의 자본금별 필요한 대출금과 상환 기간별 원리금 상환액이 나오죠. 상환기간은 10, 20, 30년 중 선택 가능한데요. 요즘엔 40, 50년 대출도 있는데 상환기간이 짧은 것들만 계산해 볼 수 있다는 게 아쉽습니다.

그 아래에는 아파트에 대한 정보들이 있는데 건물의 현황, 세대수, 입주 연월(준공년차), 동 수, 최고 층, 용적률, 건폐율, 계단식인지 복도식인지, 난방 형태(중앙난방, 개별난방, 지역난방), 가스 공급 방식(도시가스, LPG), 허가 기간별 내진설계 대상, 평균 경사도(평지, 약경사, 경사)를 알려줘요. 동일 평형의 타입별 평면도도 모두 볼 수 있죠. 평면도 아래에는 세대별 주차대수가 있고 호갱노노의 자체 방식으로 산출된 의견도 함께 있는데요. 세대수 대비 주차대수가 부족한지 여유로운지를 알려줍니다. 주차대수는 1.2대 정도면 이중 주차가 가끔 보이는 수준이긴 하지만 적당하다고 하는데요. 1.2대 아래로 내려가면 주차 지옥, 1.2대 이상으로 가면 주차장 공간이 넉넉하다고 보면 될 것 같아요.

관리비는 여름, 겨울, 평균으로 나누어 각각의 금액을 보여줘요.

아파트 일조량도 볼 수 있는데 봄, 여름, 가을, 겨울까지 총 사계절과 6~18시까지 시간에 따라 각기 다른 3D 시뮬레이션 화면을 보여줘요. 아파트 동과 층별 일조량이 어떻게 차이가 나는지 시뮬레이션해 볼 수 있어서 좋은 기능이죠.

아파트 란에서는 쿠팡의 로켓배송, SSG의 쓱배송, 마켓컬리 샛별배송 등 빠른 배송 서비스가 이용 가능한지 알려줘요. 결국 입지가 좋은 아파트라면 모든 업체의 서비스를 이용 가능하겠죠?

주변 상권 정보에는 병원, 약국, 마트, 백화점, 음식점, 카페 등 주요 생활시설을 보여주는데요. 상권의 크기는 초대형, 대형, 중형 등 상가의 단위면적별 개수, 즉 밀집도를 기준으로 표현해 줘요. 상권 자세히 보기를 누르면 지도에서 상권의 규모를 직관적으로 알 수 있죠. 그리고 대분류 업종 TOP3와 중분류 업종 TOP5를 각각 백분율과 숫자로 보여주고 반경 1km 이내 주요 생활시설인 병원, 약국, 편의점, 마트, 스타벅스, 학원 등은 개수로 보기 쉽게 알려줍니다.

3개월 내 나올 만한 전세를 실거래 자료로 예측해 주고 총 세대 중 임대 사업자를 등록한 세대를 알려줘요. 수요와 공급의 경제 논리에 의해서 앞으로 3개월 내 나올 전세 세대가 많다면 임차인을 맞추는 난이도가 올라갈 수도 있는데요. 이때 임대 사업자를 등록한 세대가 많다면 더 불리할 수도 있어요. 왜냐하면 임대 사업자를 등록하면 재산세와 양도세 감면 등 각종 혜택들이 있는 반면에 전월세를 전년 대비 5% 이상 올리지 못하기 때문이에요. 시장이 안정되어 5% 이상 상승하지 않는 추세라면 상관없지만 시장이 과열되어 시세가 가파르게 상승하는 시기라면 임대 사업자로 등록된 세대는 전월세를 올리지 못하게 되면서 상대적으로 저렴한 전월세 매물이 되기 때문이죠.

주변 1km, 500m 이내 지하철을 이용해 주요직장군에 대한 출퇴근 시간을 비교할 수 있는데요. 주변에 있는 이용 가능한 지하철역 개수와 지하철 역별 거리와 도보 이동 시간, 이용 가능한 버스 개수와 버스 번호를 알려주고, 고속철 이용이 가능한 입지라면 직선거리와 자가용으로 이동 시 소요되는 시간을 알려줍니다.

학군도 제한적으로 다뤄주는데, 어린이집, 유치원, 초등학교, 중학교, 고등학교 정보가 있어요. 어린이집과 유치원은 반경 1km 이내 시설을 모두 보여주며 어린이집 이름과 형태(가정, 국공립, 민간, 직장, 법인 등), 떨어진 거리를 미터 단위로 알려주고 유치원은 동일한 정보에다 월평균 교육비를 추가로 알려줍니다. 초등학교는 떨어진 거리와 도보로 이동 시 몇 분이 소요되는지, 중학교는 학교별 떨어진 거리와 특목/자사고 진학률, 학교군을 알 수 있어요. 고등학교는 학급당 학생 수와 학교군, 떨어진 거리를 알려줘요.

주변에 입주 예정 아파트가 있다면 아파트 이름과 분양가, 입주 예정연월, 세대수, 가장 많은 평형을 알려주는데 이 데이터는 수요와 공급의 논리로 매매와 전월세 거래가 형성에 모두 영향을 줄 수 있기 때문에 향후 예정된 대량공급이 있는지 여부를 살펴볼 필요가 있어요. 왜냐하면 과거 90년도 초에 서울 주변 수도권에 1기 신도시 대량공급이 있었는데요. 이때 분당, 평촌, 산본, 중동 등 서울 한강 이남과 접해있는 수도권 남부에 대량으로 아파트가 공급되면서 강남 불패라고 불리는 강남의 집값도 한동안 오르지 못했던 적이 있기 때문이에요.

지역별 아파트 순위도 알 수 있는데 구별, 동별 순위를 매매가와 전세가별로 각각 알 수 있어요.

> **호갱노노 꿀팁**
> 호갱노노는 입지 7요소 중 인프라 요소에 해당하는 직장, 교통, 학군, 상권을 빠르게 알아보기 좋아서 입지분석할 때 많이 사용하는 도구에요. 호갱노노를 각종 도구들 중 가장 먼저 소개한 것도 그 이유인데요. 여기서 제공하는 기능들만 사용해도 50%는 입지분석이 가능할 정도로 유용하기 때문이죠. 내가 검색한 아파트에서 주요 직장군까지 소요되는 시간, 아파트에서 배정받는 초등학교, 중학교와 특목/자사고 진학률, 상권의 규모와 병원, 약국, 대형마트, 백화점 등이 떨어진 거리와 이동시간을 제공해 주기에 입지분석의 큰 그림을 그리면서 진행하기 좋아요. 만약 입지분석을 처음 하는 지역이라면 호갱노노를 가장 먼저 사용하면서 전체적인 데이터를 보는 것을 추천해요.

아실

아파트 실거래가, 분양정보, 매물, 부동산빅...
아파트 실거래가, 분양정보, 매매/전세/월세 매물, 입주물량, 미분양, 학군 등 부동산빅데이터
https://asil.kr/asil/index.jsp

아실

　아실은 아파트 실거래가의 줄임말인데요. 교통 호재 분석과 재개발, 재건축 공부할 때 좋은 툴이죠. 호갱노노처럼 지도를 보고 직관적으로 분석하기 좋아요. 아실 역시 다양한 메뉴와 필터들이 있습니다. 아실에 접속하면 지도를 중심으로 왼쪽과 오른쪽에 다양한 메뉴들이 있는데 지도 우측에 있는 메뉴들부터 살펴볼게요. 위에서부터 지도, 거리뷰, 경매 공매, 교통망, 단지, 매물, 중개, 재재가 순서대로 있는데요. 아실은 앞서 언급한 것처럼 교통 호재 등 교통망을 분석하기에 매우 좋아요. 지도 우측에 있는 메뉴의 첫 번째에 지도 기능을 보면 일반, 항공, 지형도 중 선택이 가능하고 지적도, 교통, 개발을 추가로 도시할 수 있는데요. 특히 교통 메뉴에서 지하철은 전국의 모든 노선을 표시하고 지울 수 있도록 목록화되어 있어서 다양한 방법으로 분석할 수 있게 해주죠.

　거리뷰를 누르면 거리뷰가 가능한 도로가 연보라색으로 지도상에서 표시되는데요. 도로 중에서 거리뷰를 보고 싶은 곳이 있다면 클릭해서 볼 수 있으며, 거리뷰 사용화면에서 하늘에 떠 있는 비행기 모

양을 누르면 항공뷰도 볼 수 있어요.

교통망을 누르면 아직 준공되지 않은 교통망을 4단계의 교통 호재로 나누어 지도에 표현해 주는데요. 교통 호재 4단계는 1단계인 교통망 발표에서부터 2단계 예비타당성 통과, 3단계 착공, 4단계 준공 순으로 구성됩니다. 3단계 착공 단계인 교통망은 준공 예정일까지 함께 표시해주어 언제부터 이용 가능한지 예측이 가능한데요. 교통 호재는 특성상 매 단계마다 주변 부동산 가격에 영향을 미치기 때문에 진행 단계를 꾸준히 모니터링하는 게 중요해요. 그런데 아실은 모니터링을 하는 수고를 크게 덜어주기 때문에 교통에 특화된 툴이라고 할 수 있어요.

단지 기능은 아파트와 오피스텔, 건물·상가·토지로 나누어 지도상에 물건들을 띄워서 볼 수 있는데요. 우리는 공부하는 시간 대비 효율이 좋은 아파트를 살 것이기 때문에 단지 메뉴를 눌러 오피스텔을 꺼버리고 아파트만 보면 됩니다.

매물 버튼을 누르면 지도에 아파트 단지별 매물 수를 파란 동그라미 안에 띄워주는데, 매물 수가 많을수록 동그라미 크기가 커져요. 보통 단지 내 세대수가 많은 아파트일수록 매물 수도 높은데요. 매물 숫자가 쓰여진 파랑 동그라미를 누르면 지도 왼편에 2006년부터 현재까지의 매매와 전월세에 대한 실거래가와 매매, 전세, 월세 등 거래유형별 매물을 리스트화해줘요. 이 리스트는 매매, 전세, 월세 등 거래유형별이나 평형별, 동별, 매물을 보유한 중개사별로 구분하여 볼 수 있어요. 실제 관심 있는 아파트가 생겨서 구매를 하기 위한 임장을 하려고 한다면 나와 잘 맞는 중개사님을 찾는 게 정말 중요한데요. 왜냐하면 부동산 거래를 진행할 때 내 편이 되어주는 중개사님을 만나야 하기 때문이에요.

중개 메뉴는 위에서 설명한 매물 버튼에서 매물을 중개사별로 정렬하는 것과 비슷한데, 내가 관심 있는 매물의 위치가 아니라 중개사님이 근무하시는 중개사무소의 위치에 공인중개사분들을 띄워준다는 차이가 있어요. 공인중개사님의 얼굴이 들어간 사진이 지도 위에 나타나는데 이 얼굴을 누르면 지도 왼편에 해당 중개사님이 보유한 다양한 매물들이 뜨죠. 중개사님의 이름과 연락처 등 간단한 정보를 제공하고, 카톡 아이콘을 누르면 내 이름과 전화번호를 입력하는 창이 떠요. 여기에 정보를 입력하면 나에게 중개사님의 카톡 프로필이 전송되는데 중개사님을 카톡 친구로 추가해서 카톡으로 대화할 수 있도록 해주는 기능이에요. 이렇게 중개사님이 보유한 매물들은 매매, 전세, 월세로 나누어 거래 유형별로 정렬이 가능하고 아파트 단지별, 등록순, 가격순, 면적순으로도 정렬 가능합니다.

가장 아래 있는 재재 버튼은 재개발, 재건축, 리모델링 등 각종 주택정비사업에 대해 공부하기 좋은 정보를 제공합니다. 첫 집으로 구축 아파트를 도전하는 분들은 굉장히 적은데 이는 재건축에 대한 공부를 추가로 해야 되기 때문이에요. 그런데, 사실 아실에서 제공하는 정보만 보아도 재건축 사업에 대해 전반적으로 이해할 수 있습니다.

각 사업별 진행 순서를 알려주기 때문이에요. 따라서 첫 아파트를 이미 투자한 독자라면 내 아파트가 충분히 클 수 있도록 시간을 보내는 동안 아실을 이용해 사업 방식별 진행 단계를 공부하는 등 재건축사업들을 살펴보며 부동산 지식을 넓히는 것도 좋은 방법일 거예요. 어차피 상급지로 오게 된다면 서울 부동산에 투자를 해야 하고, 우리가 투자 가능한 서울 부동산은 대부분 노후된 구축 아파트이기 때문입니다.

지도 왼쪽에도 많은 메뉴들이 있는데 위에서부터 공급, 인구, 가격, 심리, 거래, 비교, 정책, 학군, 랭킹 순으로 있어요. 공급을 누르면 공급 물량과 미분양 물량을 각각 볼 수 있는데요. 전국 시/구/군을 선택하여 년, 분기, 월 단위로 볼 수 있죠. 서울의 아파트 공급은 2020년을 마지막으로 적정수요인 4만 6천여 세대를 달성한 뒤 지금까지 계속된 공급부족에 시달리고 있어요. 고분양가 논란으로 증가하고 있었던 서울의 미분양 가구 수도 2023년 2월 약 2천 세대로 정점을 찍은 후 지금까지 꾸준히 줄어들어 지금은 매월 천 세대 정도를 보이고 있습니다. 이렇게 신축 아파트 공급이 부족하면 새 아파트를 지어야 합니다. 모든 사람들은 신축에 살고 싶은 욕구가 있기 때문이죠. 그런데 서울에는 더 이상 아파트를 지을 땅이 없어요. 아파트를 지으려면 빌라나 구축 아파트를 부수고 새로 지어야 하는 상황입니다. 그래서 서울에 얼마 없는 신축 아파트들의 가격 상승이 엄청나죠. 그에 비해서 재건축을 앞두고 있는 구축 아파트의 가격 상승은 아직인데요. 이럴 때 미래의 신축 아파트가 될 재건축 아파트를 사는 것도 좋은 방법일 듯해요.

학구도안내 서비스

학구도안내서비스

 https://schoolzone.emac.kr/

학구도안내 서비스

호갱노노와 아실은 부동산만을 위한 툴이었죠. 그런데 이번에 소개해 드릴 학구도안내 서비스는 사실 교육부에서 제공하는 사이트로 부동산과는 거리가 있어요. 그렇지만 학군을 분석할 때 충분히 좋은 정보를 제공하기 때문에 자주 사용하고 있습니다. 홈페이지에 접속한 뒤 검색창에 아파트 이름이나 주소를 치면 해당 주소에 대한 초, 중, 고등학교 학구도를 지도에 직관적으로 표현해 줘요. 학구도는 주소지별 배정받는 초, 중, 고등학교의 구역을 나누어 둔 것을 말하는데요. 노원구의 학구도를 예로 들면 고등학교는 노원구와 도봉구가 같은 학구도인 북부학교군으로 편성되는데요. 반면에 중학교는 도봉구가 북부1학교군, 노원구 상계동이 북부2학교군, 노원구 하계동과 중계동이 북부3학교군, 노원구 월계동이 북부4학교군으로 나뉘어 있어요. 특히, 상계동과 중계동 사이를 흐르는 당현천을 사이에 두고 있는 상계동의 북부2학교군, 그리고 하계·중계동의 북부3학교군은 학업성취도에서 큰 차이가 있는데요. 그래서 상계동과 하계동은 비슷한 준공 연차와 평수를 보이는 아파트들도 약간의 가격 차이가 나게 되죠. 이처럼 아파트의 위치에 따라 학교군이 다르게 편성되기 때문에 어떤 학구도에 속해있는 아파트인가에 따라서 상대적으로 가격이 비싸지기도 하고 싸지기도 합니다. 그렇지만 학구도 안내 서비스는 지역별로 어떤 학교를 배정받는지만 확인 가능하고 학교별 학업성취도와 특목고, 자사고 진학률, 대학 진학률 등의 정보는 제공하지 않아요. 그래서 다음에 소개해 드릴 아파트 투미와 함께 사용하면 학군을 더 정확하게 분석할 수 있습니다.

아파트 투미

학구도안내 서비스는 학군을 지도에 직관적으로 표현하였다면 아파트 투미는 학군을 수치화하여 분석하기 좋아요. 아파트 투미 홈페이지에서 학군정보를 들어가면 특목고 진학 실적, 자사고/특목고 실적, 서울대 합격률, 의·치·한·약·수 합격률, 중학교 수행평가, 고등학교 수행평가의 수준을 지역별로 구 수준까지 나누어 알아볼 수 있는데요. 먼저 소개한 학구도안내 서비스로 내가 고른 아파트에서 진학가능한 학교를 뽑아낸 다음, 분석하고 있는 학교별 수준을 비교하

아파트 투미

면 쉽게 학군을 분석할 수 있습니다. 그리고 가장 먼저 소개했던 호갱노노에서도 제한적으로 학군분석이 가능하다고 했었는데요. 호갱노노에서 제공하는 중학교 진학률 정보는 지역별 순위를 나타낸 상대적인 수치이기 때문입니다. 반면에 아파트 투미에서 제공하는 정보는 학교별 총원에 대한 진학률을 나타내서 학군을 비교분석하기 더 좋습니다. 학교별 진학 인원의 수를 절대적으로 비교할 수 있는 데이터이기 때문이죠.

네이버 부동산

네이버 부동산은 가장 많은 아파트 매물이 올라와 있는 사이트에요. 부동산 쇼핑할 수 있는 최대 쇼핑몰이라고 생각하시면 됩니다. 네이버 부동산을 이용하는 시점은 예산 확인부터 아파트 입지분석까지 모든 과정이 끝난 다음이에요. 정말로 내가 사려는 아파트를 고르고 계약을 하기 위해서는 네이버 부동산을 꼭 이용해야 하죠. 이곳은 아파트를 팔려는 사람, 전월세 임차인을 맞추려는 사람들이 매물

네이버페이 부동산
내 집 마련의 시작, 네이버페이 부동산

https://land.naver.com/

네이버 부동산

을 올려두는 곳이에요. 집주인은 자기가 팔거나 전월세를 받고 싶은 희망 가격으로 물건을 올려 두는데 그것을 호가라고 합니다. 호가는 우리가 마트에서 물건을 살 때처럼 정해진 가격이 아니에요. 우리나라 전통시장이나 수산시장에서 장 보신 적 있으신가요? 시장에서 쇼핑하다 보면 가격표에 값이 적혀있긴 하지만 가격을 흥정해서 더 싸게 살 수 있는데요. 네이버 부동산에 올라온 매물도 마찬가지로 호가에서 가격을 어느 정도 조정할 수 있어요. 그래서 호가는 '나는 이 정도 가격에 팔고 싶어요'라는 집주인의 마음이라는 정도로 이해할 수 있죠. 그렇기 때문에 호가는 어느 정도 상식적인 범위 내에서 조정이 가능한데요. 거래하려는 시기의 시장 상황에 따라 크게는 수천만 원에서 작게는 수백만 원까지 조정이 가능합니다. 그리고 가끔 시세보다 싸게 나온 매물도 있는데요. 이건 급매라고 해요. 일반적인 매물보다 급매물이 가격 조정을 하기 더 수월합니다. 왜냐하면 급매로 싸게 팔려고 한다는 것 자체가 결국 파는 사람이 급한 거니까요. 파는 사람이 왜 급하게 팔려고 하는지 이유를 안다면 가격 협상에 더 유리하겠죠. 그런데 무작정 가격을 깎을 생각만 한다면 집주인도 기분이

상해서 계약이 불발될 수도 있어요. 그래서 가격 협상 시에는 항상 '기브 앤 테이크(Give and Take)'를 생각하면 좋은데요. 내가 먼저 집주인에게 해 줄 수 있는 게 무엇인지 생각하고 협상을 진행하는 것이죠. 예를 들어 목돈이 필요해서 급매로 처리를 하려는 집주인과 계약을 한다고 생각해 볼게요. 집주인은 목돈이 빨리 필요한 상황이니까 계약금이나 중도금을 일반적인 경우보다 많이 준다던지, 잔금을 빨리 줄 수 있다는 걸 어필한다면 가격 협상이 더 잘 진행되는 것이죠. 이처럼 가격 조정에 관한 팁들은 상황별로 다양해요. 저와 스터디를 하면서 내 집 마련까지 성공한 분들의 사례를 소개하면서 더 자세히 다뤄 볼게요. 그리고 네이버 부동산은 내가 아파트를 살 때뿐만 아니라 내가 산 아파트를 전월세로 내놓을 때도 이용해야 하는데요. 아파트를 살 때와 팔 때는 전략이 완전히 달라요. 아파트를 살 때는 중개사님 한 분과 일을 진행해야 하지만 팔 때와 전월세로 내놓을 때는 가능한 많은 중개사님께 홍보하여 사이트에 내 매물을 많이 노출시키는 게 중요해요.

KB부동산

KB부동산은 다양한 부동산 데이터를 취급하는 사이트에요. 데이터를 좋아하는 제가 자주 방문하는 사이트죠. KB부동산의 데이터 허브에 접속하면 2000년부터 기록된 다양한 데이터들을 확인할 수

KB부동산

KB부동산에서 KB시세, AI시세, 실거래가, 매물, 분양, 통계, 대출 경매, 커뮤니티 정보를 확인해보세요.

https://kbland.kr/home

KB부동산

있어요. 이 중에 제가 특히 좋아하는 데이터들은 부동산 시장심리를 볼 수 있는 전국 매수우위지수와 주택가격지수인데요. 이 두 데이터들은 현재 부동산 시장의 과열 정도와 아파트 가격이 가치 대비 어떤 평가를 받고 있는지를 판단하기 좋아요. 먼저 매수우위지수는 아파트를 사려는 사람들이 많은지, 팔려는 사람들이 많은지를 나타내는 지수인데 경제 논리에 의해서 공급이 평균적일 때 아파트를 사려는 사람이 많으면 많을수록 아파트 가격은 가파르게 상승하게 되죠. 2024년 12월 기준 매수우위지수는 25.7을 기록 중인데요. 이 수치는 매수우위지수의 통계를 기록하기 시작한 2000년 이후를 기준으로 매우 낮은 수준이에요. 왜냐하면 매수우위지수가 이보다 내려간 경우는 전체 기간 중 45개월뿐이기 때문인데요. 이는 하위 15% 수준이에요. 그래서 지금 부동산 시장은 사려는 사람, 매수자가 별로 없는 시장이라고 할 수 있어요. 이렇게 매수자가 없는 시장은 매도자의 급매물을 잡거나 가격을 협상하기 좋은 시기죠. 그리고 주택가격지수 또한 중요한 데이터인데요. 주택가격지수는 2022년 1월 매매가를 100이라는 숫자로 나타낸 상대적 지수예요. 이 지수는 주택의 실거래가를 비교하는 방법보다 더 객관적으로 비교할 수 있어요. 왜냐하면 주택가격지수 자체가 시장에 존재하는 모든 정보를 압축해서 제공하기 때문에 거시적으로 판단하기 좋기 때문인데요. 그래서 주택가격지수는 실거래가를 직접 비교하는 것보다 시점 간 가격 차이를 정확하게 비교할 수 있어요. 그렇기 때문에 이 지수를 활용하면 시점별 주택 가격이 가치를 제대로 평가받고 있는지에 대해서 판단하기에 좋죠.

사실 KB부동산은 각종 데이터를 제공하는 것보다 더 중요한 역할을 하는데요. 바로 주택담보대출의 기준액을 제시해 주는 역할을 해요. 주택담보대출은 어떤 금액을 기준으로 나올까요. 아파트 실거래가일까요? 아니에요. 주택담보대출은 KB부동산에서 제공하는 KB시세를 기준으로 나와요. 만약 아파트 매매가는 5억 원이지만 KB시세는 4억 원인 아파트가 있다면 대출은 얼마가 나올까요? KB시세인 4억 원을 기준으로 대출이 나오기 때문에 KB시세보다 매매가가 높은 아파트는 레버리지를 제대로 사용할 수 없어요. 반대로 매매가가 5억 원이지만 KB시세는 6억 원인 아파트가 있다면 대출은 6억 원을 기준으로 나오기 때문에 레버리지를 극대화하여 사용할 수 있는 것이죠. 극단적으로 예를 들고자 KB시세를 1억 원 이상 차이가 나는 상황을 만들었는데요. 실제 부동산 시장에서 KB시세가 1억 원 이상 차이가 나는 매물을 찾기는 정말 힘들어요. 하지만 수천만 원 정도의 차이는 종종 찾을 수 있는데요. 이런 모습을 보이는 매물들은 부동산 시장이 하락하는 상황에서 많이 나타나죠. 그렇기 때문에 모든 자산이 그렇듯이 부동산도 하락하는 시기에 사는 것이 가장 좋아요. 누구나 아파트를 가장 저렴한 가격에 사고 싶을 거예요. 그런데 사람들의 심리는 대부분 다음과 같죠. 아파트 가격이 올라가면 비싸서 버블인 것 같아서 못 사고, 아파트 가격이 떨어지면 더 떨어질 것 같아서 기다리다가 못 사요. 그래서 본인의 기준을 잡는 게 무엇보다 중요합니다. 아파트는 어차피 오르는 자산이에요. 궁극적으로는 우상향하지만 그 방향성 안에서 오르고 내리고를 반복하며 지그재그로 올라가게 되는 것이죠. 그렇기 때문에 부동산은 결국 오르는 게 당연하고 만약 떨어지고 있다면 그건 기회라고 볼 수 있어요. 그런데 아파트의 가격이 얼마나 떨어질지는 아무도 모릅니다. 가장 싸게 사고 싶어서 부동산의 최저가인 바닥을 기다리기만 한다면 기회를 놓칠 수 있어요. 그래서 가격이 떨어지는 중에 아파트를 사야만 비로소 기회를 잡을 수 있는 것이죠. 당신도 바닥을 잡고 싶다면 부동산이 하락하는 중에 사야 합니다. 결국 내가 바닥을 잡았는지 발목에서 샀는지 허리에서 샀는지는 시간이 지나 봐야 알 수 있어요. 골프에서 퍼팅할 때 공이 지나가는 길을 라인이라고 하는데요. 프로 라인과 아마추어 라인이라는 말이 있어요. 프로들은 퍼팅할 때 항상 홀컵을 지나가게 치려고 노력합니다. 하지만 아마추어 골퍼들은 공이 홀컵 근처에도 안 가게 퍼팅을 한 경우가 많이 나오죠. 결국 퍼팅은 프로처럼 홀컵을 지나가게 쳐야 들어갈 확률이라도 있어요. 아마추어처럼 짧게 퍼팅을 친다면 공이 홀컵에 들어갈 확률은 0%입니다. 때문에 아파트를 싸게 사고 싶다면 아파트 가격이 떨어지고 있을 때 과감하게 행동해야 해요. 가격이 떨어지는 동안 아파트를 사지 않고 이미 오르고 있는 가격을 보고 후회하는 것은 퍼팅을 짧게 치는 아마추어와 같아요.

FRED

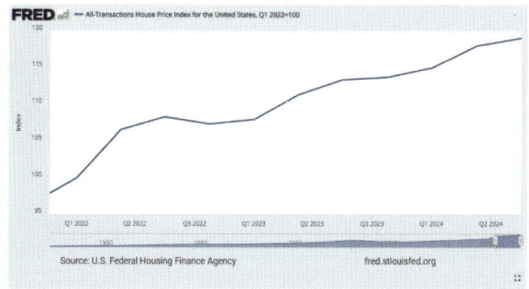

FRED

FRED는 부동산뿐만 아니라 주식, 금 등 세계 경제 상황을 모니터링하기에 좋은 사이트에요. 신기하게도 서울의 아파트 가격은 미국과 연동되어 있어요. 그런데 23년 9월을 기준으로 서울과 미국의 아파트 가격은 완전히 다른 방향성을 보이고 있는데요. 미국의 주택가격지수는 기존의 방향성에 맞게 우상향하여 잘 가고 있지만 우리나라의 주택가격지수는 2022년 중순부터 하락한 뒤로 아직도 반등하지 못했어요. 예외적으로 우리나라 최상급지 아파트들 일부는 전 고점을 뚫고 계속 상승하며 미국의 주택가격지수를 따라가고 있지만 이외 아파트들은 아직 전 고점을 돌파하지 못하고 아직도 하락한 상태이죠. 위 그래프는 2022년 1월을 기준가격으로 한 미국의 주택가격지수인데요. 미국 주택가격지수는 2024년 3분기를 기준으로 119를 상회합니다. 다시 말해 우리나라 부동산이 미국 주택 가격을 쫓아 올라가려면 아직 한참 남은 것이죠. 그래서 지금 저평가되어 있는 아파트를 구매하는 것은 좋은 선택이겠지요. 물론 그 결과가 좋은 선택이었는지 검증하려면 시간이 지나 봐야 합니다.

부동산 계산기

주인공은 항상 마지막에 등장하는 법이죠. 부동산 계산기는 앞서 소개했던 모든 툴 중 가장 친하게 지내야 하는 친구라고 생각해요. 왜냐하면 내 집 마련을 하는 처음부터 끝까지 계속 필요하기 때문인데요. 내 집 마련을 위해 가장 먼저 해야 하는 일은 내가 가지고 있는 돈과 대출 가능한 금액을 알아보는 것이에요. 내가 얼마짜리 아파트를 살 수 있는지 예산을 알아보는 과정이죠. 그런데 예산을 정확히 하려면 DSR과 LTV를 고려한 대출한도를 먼저 알아야 하는데요. LTV는 아파트 가격에서 80%를 곱하기만 하면 되니까 간단한데 DSR은 좀 복잡하죠. 그래서 앞서 대출 금리 4%와 상환기간 40년을 적용했을 때 DSR 40%를 꽉 채운 대출한도를 구하는 공식을 알려

부동산계산기
부동산계산기 DTI DSR LTV 등기수수료 법무사수수료
공인중개사 중개수수료 종합부동산세 재산세 양도소

https://xn--989a00af8jnslv3dba.com/

부동산 계산기

드렸는데 기억나세요? 내 연봉에 8.875를 곱하면 DSR 40%를 꽉 채운 대출한도를 구할 수 있었죠. 그러나 이 공식은 금리는 4%, 상환기간은 40년일 때만 사용 가능한 공식이라 금리와 상환기간이 달라진다면 부동산 계산기를 이용해야 합니다. 이때 부동산 계산기에 있는 DSR을 계산 기능을 활용하면 되는데요. 나의 연봉과 금리, 상환기간을 자유롭게 설정해서 DSR이 몇 %인지 구할 수 있습니다. 그래서 연봉에 8.875를 곱하는 공식은 대략적인 예산을 가늠해 보는 용도로만 사용하고 정확한 예산은 직접 계산해 보는 게 중요해요. 만약 내가 알아본 대출 상품의 금리와 상환기간이 각각 4%와 40년이 아니라면 부동산 계산기에 직접 입력해서 정확한 대출한도를 계산해 보세요. 그래도 가장 정확한 건 대출을 실행할 은행에 가서 상담받는 거예요. 그러면 예산만 정확하면 될까요? 아파트를 구매하는 비용도 정확하게 구해야 합니다. 만약 아파트 계약을 진행하고 이제 돈을 지불하려고 보니 돈이 모자란다면 매우 당황스럽겠죠? 부동산 계산기와 친하게 지내면서 이런 불상사를 막아야 합니다. 부동산 거래를 하게 되면 지불해야 하는 비용들이 다양한데요. 집을 사는 가격인 매매

가뿐만 아니라 여러 가지 추가 비용이 발생하죠. 부동산 거래를 하면서 발생하는 추가 비용에는 다음과 같은 것들이 있어요. 공인중개사에게 지불하는 중개보수, 부동산을 살 때 내는 세금과 비용인 취득세와 법무사비, 주택채권구매비용 등 등기비용, 부동산을 가지고 있으면 매년 내는 재산세와 종합부동산세, 부동산을 팔 때 차액에 대한 세금인 양도세 등이죠. 이런 각종 비용들과 세금들은 각기 다른 계산 방법을 적용해야 해서 정말 복잡해요. 그런데 부동산 계산기는 이를 사전에 계산해 보기 좋은 기능들이 있어서 보다 쉽게 계산할 수 있습니다. 먼저 내가 아파트를 사려면 어떤 비용들을 지불해야 하는지 정확히 알아야 하는데요. 아파트를 살 땐 매매가에서 주택담보대출한도를 제외한 목돈, 취득세와 주택채권구매를 포함한 등기비와 중개수수료가 필요합니다. 주택구매비용은 '(매매가-주담대)+등기비+중개수수료'라는 수식으로 나타낼 수 있는데요. 주택구매비용을 구하려면 매매가와 주담대 한도는 이미 알고 있으니 취득세와 주택채권구매를 포함한 등기비, 중개수수료를 구해보면 되겠죠? 취득세도 당연히 부동산 계산기에서 구할 수 있는데요. 내가 보유한 주택 수와 취득하는 주택의 비용을 입력하면 정확히 구할 수 있어요. 이렇게 계산한 결괏값에는 주택채권구매를 포함한 등기비의 정보도 제공되죠. 중개수수료를 구하는 기능도 있는데요. 매매가 또는 전월세 보증금과 월세를 넣으면 그에 따른 중개수수료를 구해줘요. 그렇다면 매매가와 KB시세가 모두 5억 원인 주택을 예로 들어서 구매할 때 총비용이 얼마나 필요한지 부동산 계산기를 이용해 계산하는 걸 보여드릴게요.

매매가	주담대	등기비	중개수수료
500,000,000원	400,000,000원	6,848,612원	2,200,000원

매매가가 5억 원인 아파트의 KB시세도 5억 원이라면 LTV 80%를 적용한 주택담보대출의 한도는 4억 원이죠. DSR도 고려해야 하지만 소득은 충분해서 LTV 80%가 모두 나온다고 합시다. 등기비에는 취득세, 주택채권구매비가 모두 포함되어 있는데요, 총 6,848,612원이 필요하다고 하네요. 중개수수료는 매매가가 5억 원일 때 220만 원이라고 합니다. 주택 구매 필요한 총비용을 계산하는 수식이 아래 있는데요. 지금까지 구한 것들을 대입해 볼게요.

(매매가-주담대)+등기비+중개수수료 = 주택구매비용

(500,000,000-400,000,000)+6,848,612+2,200,000 = 109,048,612

위에서 구한 매매가, 주담대, 등기비, 중개수수료를 각각 넣어보니 주택구매비용은 1억 904만 8,612원이 필요하네요.

호갱노노에서 부동산 계산기까지 집을 사는데 필요한 도구들을 소개해 드렸습니다. 이 도구들은 내가 살 수 있는 집의 예산을 알아보고 입지를 분석하여 내가 살 아파트를 고르는 데 큰 도움이 될 거예요. 이제는 유용한 도구들을 자유자재로 사용할 수 있게 되었으니, 사냥을 떠나야겠죠?

나는 얼마짜리 아파트를 살 수 있는지, 나의 예산을 알아보는 방법을 알려드릴 건데요. 내가 살 수 있는 집과 살 수 없는 집을 스스로 구분할 수 있어야 합니다. 왜냐하면 내가 살 수 없는 집은 백날 조사해 봤자 결국 지금 당장 살 수 없거든요. 그래서 나의 소중한 시간을 효율적으로 사용하려면 살 수 없는 집들은 과감하게 포기하고 살 수 있는 집에만 집중해야 해요. 그렇기 때문에 집을 살 때 가장 먼저 되어야 하는 건 내가 살 수 있는 아파트의 가격을 정하는 것이에요. 아파트 가격을 정하기 위해서는 나의 예산을 먼저 알아야 하죠. 그렇다면 내가 살 수 있는 아파트와 살 수 없는 아파트를 구분할 수 있는 기준, 나의 예산을 알아보는 방법에 대해 자세히 알아볼까요?

2장.
내가 살 수 있는 집은 얼마일까?

내 돈이 얼마나 있는지 확인하는 과정은 내 집 마련을 위해 가장 먼저 해야 하는 일입니다. 내가 살 수 있는 집의 가격을 정해야만 시간과 노력의 낭비를 줄일 수 있어요. 내가 살 수 없는, 능력 밖의 집을 찾아서 조사하고 분석하고 있다면 그건 엄청난 시간과 노력의 낭비죠. 아래 순서대로 내 예산을 확인해야 합니다.

1. 내가 가진 현금

2. 대출한도 상담

집은 가능한 빨리 사야 해요

　가장 먼저 내가 가진 현금이 얼마나 있는지 확인하세요. 여기서 말하는 현금은 예금, 적금, 공제회, 보험 등 현금 형태로 모으고 있는 모든 현금성 자산을 말합니다. 돈을 모으고 있던 이유를 곰곰이 생각해 보세요. 결국 나의 행복한 미래를 위한 게 아니었나요? 여러분의 행복한 미래를 위해서 그 돈은 지금 필요합니다. 그새 정이 들어 모아둔 돈을 쓰는 게 아까우실 수도 있습니다. 하지만 과감하게 결심하고 행동해야 합니다. 왜냐하면 이럴 때 쓰려고 모은 거니까 말이죠.

레버리지를 극대화하는 방법

　내가 가진 현금이 모두 확인되었다면 이후엔 내가 이용 가능한 대출한도가 얼마인지 알아야 합니다. 앞서 설명했던 것처럼 무주택자가 생애최초로 주택을 구매하게 된다면 LTV 80%, DSR 40% 중 작은 한도로 대출을 받을 수 있는데요. 이제는 앞서 소개한 공식들, 인터넷 뱅킹, 은행 상담을 통해 실제 나의 한도를 정확히 알아보아야 합니다.

　LTV를 최대로 적용하여 레버리지를 극대화하는 공식 기억하시나요? 그건 바로 내가 모아둔 돈, 저축액의 총합에 5를 곱하는 거예요. 만약 1억 원을 저축하여 모아두었다면 5를 곱한 5억 원 이하의 아파트를 찾아보면 됩니다. LTV 80%는 결국 주택 가격의 80%까지 대출이 가능하다는 이야기니까 나머지 20%의 현금만 있어도 아파트를 살 수 있는 것이죠. 그래서 내가 모은 돈에 5를 곱하면 LTV 80% 한도를 모두 사용하며 아파트까지 구매할 수 있어요. DSR도 LTV처럼 간단하게 구하는 공식이 있죠. 나의 연봉에 8.875를 곱해보세요. 나의 연봉이 5,000만 원이라면 DSR 40%를 적용한 대출한도는 4억 4,375만 원이 됩니다. 대출한도는 결국 LTV와 DSR 중 더 낮은 금액만큼만 가능합니다. 레버리지를 극대화하기 위해서는 LTV 한도와 DSR 한도를 계산한 값의 차이가 적을수록 좋겠죠. 왜냐하면 LTV와 DSR의 차이가 많이 난다면 레버리지 효과를 극대화하지 못하기 때문이에요. 예를 들어 볼게요. 연봉 5,000만 원인 무주택자가 3억 원짜리 아파트를 사기 위해 대출을 받으려고 합니다. 3억 원짜리 아파트를 살때 LTV 80%를 적용하면 대출한도는 2억 4,000만 원이 됩니다. 그러나 DSR 40%를 적용하면 무려 4억 4,375만 원이나 대출 가능하죠. 하지만 LTV와 DSR 중 낮은 한도로 대출이 나오기 때문에 2억 4,000만 원만 대출을 받을 수 있게 되는 거죠. 무려 2억 원 상당의 대출을 더 받을 수 있음에도 너무 낮은 가격의 아파트를 사려고 하기 때문에 나머지 금액을 이용하지 못하는 겁니다. 그렇기 때문에 연봉 5,000만 원인 사람이 레버리지를 극대화하기 위해서는 대출을 4억 원 이상 사용할 수 있는 5억 원대 아파트를 찾아보는 것이 좋습니다.

	연봉 4,000만 원	연봉 5,000만 원	연봉 6,000만 원
DSR 40% (연봉*8.875)	3억 5,500만 원	4억 4,375만 원	5억 3,250만 원
LTV 80%를 최대로 사용할 수 있는 주택 가격	3억 5,500만 원 × 1.25 = 4억 4,375만 원	4억 4,375만 원 × 1.25 = 5억 5,468만 원	5억 3,250만 원 × 1.25 = 6억 6,562만 원
최소 자본 (취등록세 등 기타비용 제외한 단순계산)	8,875만 원	1억 1,093만 원	1억 3,312만 원

    LTV와 DSR을 간단하게 구하는 공식을 알려드렸지만, 가장 정확한 건 직접 은행을 방문하는 것이죠. 은행에 방문하기 전에 통화해서 방문하기 전 필요한 서류를 미리 준비하면 은행을 두 번 방문할 필요가 없습니다. 최근 2년 연말정산 후 발행된 원천징수 영수증과 복무확인서를 준비해서 내가 사고자 하는 아파트 주변에 있는 은행을 방문해 보세요. 물론 어떤 단지에, 몇 평형 아파트를 사려고 하는지 정확히 정해져야 합니다. 그래야 해당 단지의 동일 평형 아파트의 KB 시세를 확인해서 LTV 한도를 산출하고, 당신이 준비해 간 서류로 최근 2년간 소득 평균을 적용한 DSR 한도를 산출할 수 있기 때문이에요. 만약 부대 일정이 너무 바빠서 은행에 갈 시간이 없다면 인터넷 뱅킹을 활용하세요. 나의 연봉과 기존 부채 등 간단한 사항을 입력하면 단 몇 분 만에 주택담보대출 한도를 알려줍니다.

제가 알려드린 공식과 인터넷뱅킹은 어디까지나 간편하게 내가 살 수 있는 아파트 금액을 알아보는 방법입니다. 실제 아파트를 사기 전에는 꼭 은행에 방문해서 내가 받을 수 있는 주택담보대출의 한도를 정확히 알아야 계약금을 날리는 사고를 예방할 수 있습니다. 그리고 아파트 가격의 20%만큼은 내가 보유한 현금이 필요하다는 걸 잊으면 안 돼요. 100% 대출만으로 아파트를 구매할 수는 없어요. 내가 모아둔 현금과 대출가능금액을 고려해서 구매 가능한 아파트를 골라야 합니다. 그리고 실제로 아파트를 구매할 때는 취득세와 중개수수료, 등기 비용 등 여러 비용이 추가돼요. 하지만 부담스러운 정도는 아니고 통상적으로 구매하는 아파트의 5% 범위 내에서 비용 처리가 가능합니다. 정확한 금액을 구해보고 싶다면 앞서 소개한 '부동산 계산기'를 이용하면 됩니다. 해당 사이트에 구매하려는 아파트의 가격을 입력하면 취득세, 중개수수료, 등기비용 등 아파트를 구매할 때 필요한 비용을 상세히 구할 수 있어요.

# 3장.
실패하지 않는 아파트 찾기
- 서울과 수도권을 중심으로

내가 살 수 있는 가장 비싼 아파트의 가격대가 정해졌다면 그중 가장 좋은 아파트를 고를 차례입니다. 어떤 게 좋은 아파트인지 비교하기 위해서는 일단 내가 살 수 있는 아파트로만 필터링을 해야겠죠. 아파트 열심히 조사했는데 예산을 초과해서 살 수 없다면 나의 시간과 노력이 너무 아까우니까요. 그래서 나의 현금과 대출을 고려했을 때 구매 가능한 가격보다 낮은 아파트를 검색해야 합니다.

내 예산에 맞는 아파트를 찾을 때는 '호갱노노'를 사용하면 됩니다.

호갱노노 검색 조건 설정 (자료 - 호갱노노)

호갱노노에서 우측의 필터를 클릭하면 평형, 가격 입주년차, 세대수 등 검색 조건을 설정할 수 있어요. 전용면적 $85\,m^2$ 이하 주택이 나오도록 평형을 40 이하로 설정하고 가격은 나의 예산보다 낮게 나오도록 설정합니다. 입주년차는 취향껏 선택하면 되는데요. 구축이 부담스럽다면 입주년차 상한을 두면 됩니다. 세대수는 500세대 이상 단지를 보는 것이 좋아요. 주택을 팔아서 수익을 확정하는 '엑싯(EXIT) 전략'을 세우려면 거래량이 꾸준히 나오는 단지여야 유리합니다. 세대수는 500세대 이상으로 많으면 많을수록 좋죠. 주차 공간은 실거주를 기준으로 1.2 이상이면 생활하기 좋은데요. 그렇지만 주차대수를 설정하면 구축단지가 필터링되어 안 보일 수 있으니까 설정하지 않는 것을 추천합니다. 주택담보대출을 받지 않고 세입자의 전세보증금을 이용한 갭투자를 한다면 전세가율과 갭 가격을 필터에 추가하면 되는데요. '나는 대출 받을래', '나는 갭투자 할래' 이런 식으로 둘 중 하나만 검색하는 게 아니라 주담대 받는 것과 갭투자 하는 것 중 나에게 유리한 방법을 비교한 뒤 선택하는 게 좋습니다. 대출 가능한 기준금액인 KB시세와 갭가격은 거의 연동되지만, 아파트가 위치한 급지별, 입지별, 단지별로 조금씩 차이가 있어서 대출이 유리한 매물이 있을 때도 있고 갭투자가 유리할 때도 있죠. 자신의 대출 가능 한도와 매물별 전세가율과 갭 가격을 고려한 개인별 맞춤형 판단이 필요해요. 어떤 방법이든 투자금이 적게 드는 것이 좋겠죠? 그렇게 다양한 지역, 급지, 입지에 아파트를 먼저 뽑아둔 뒤에 비교 분석을 시작하면 됩니다. 같은 가격대인 아파트라도 저마다 가진 가치는 달라요. 그래서 같은 가격이라도 가장 높은 가치를 지니고 있는 아파트를 찾아야 하죠. 아파트의 가치를 보는 방법은 정말 복잡하고 어렵습니다. 하지만 지역별 급지를 이해하고 아파트 위치별 입지를 분석하는 눈을 가진다면 점점 내가 조사하는 아파트의 진정한 가치가 보이기 시작할 거예요. 세상의 모든 것이 그렇겠지만 아파트도 겉모습인 껍데기가 화려하다고 무조건 좋은 게 아니에요. 좋은 시공사, 좋은 브랜드의 신축 아파트라도 아파트가 있는 지역, 입지가 좋지 않다면 그 아파트가 갖는 가치는 그렇게 높지 않은 것이죠. 이번엔 서울의 지역별 급지, 아파트의 입지를 분석하기 위한 입지 7요소를 알아보며 가장 좋은 아파트를 찾는 방법을 소개해 드리려고 합니다.

실패하지 않는 아파트를 찾는 지름길, 서울 5급지 체계

서울은 총 5급지로 나눠볼 수 있는데요. 지역별로 주택의 가격 분포와 시장의 흐름에 따라 가격이 움직이는 정도와 반응속도 등을 비교해서 급지를 나눠보았어요. 서울 부동산 가격을 기준으로 지역별 5분위로 나눈 서울 5급지 체계는 시장의 흐름이 시차를 두고 나타나는 경향이 있는데요. 이 특징을 안다면 지금 저평가받고 있는 지역이 어디인지 쉽게 알 수 있죠. 그래서 서울 5급지 체계를 이해한 상태에서 부동산 입지를 분석한다면 실패하지 않는 부동산 투자를 할 수 있습니다.

현재 서울 주택가격지수는 22년에 형성했던 전 고점을 거의 회복한 모습이에요. 서울의 1, 2급지 아파트는 이미 전 고점을 넘어 새로운 신고점을 만든 매물들도 많이 보이고, 3, 4급지 아파트는 전 고점까지 도달한 매물과 이제야 전 저점과 전 고점의 중간 정도에 위치한 매물들이 많죠. 5급지 아파트는 전 저점과 전 고점 사이까지 올라온 매물도 가끔 보이지만 대부분 전저점 부근에서 아직 반등하지 못하는 모습입니다. 이처럼 서울 급지 체계는 급지별로 다른 가격대를 보이고 있으며, 상급지 매물들이 신고점을 만들어가면 하급지 매물들이 후속하여 신고점을 경신하는 모습을 보입니다.

2024년 12월 전국의 주택가격지수는 93.2이고 서울은 96.7인데요. 아래 표에 2024년 12월 기준 지자체별 주택가격지수를 서울 5급지 체계와 함께 비교할 수 있도록 표현해 보았어요. 급지 체계와 주택가격지수는 서로 비례하는게 정상이죠. 그런데 아래 표를 보면 급지 체계에 비해서 주택가격지수가 높거나 낮은 지역들이 많이 보이는데요. 이는 가치가 높게 평가되거나 낮게 평가된 지역들이 많이 있다는 이야기에요. 지금은 급지 체계보다 낮은 가치를 평가받는 지역, 즉 급지 대비 부동산 지수 상승이 더딘 부동산 시장에 진입하기 좋다고 평가할 수 있죠. 왜냐하면 이런 모습을 보이는 지역은 아직 가치 대비 가격 상승이 일어나지 않았다고 볼 수 있기 때문이에요.

	1급지	2급지	3급지	4급지	5급지
종로			99.5		
중			96.4		
용산	103.6				
성동		97.8			
광진		98.8			
동대문			89.1		
중랑					88.4
성북				88.2	
강북					87.2
도봉					81.4
노원				82.8	
은평					91.7
서대문			92.5		
마포		98.3			
양천 (목동 1급지)				98.1	
강서				90.2	
구로					88.1
금천					89.3
영등포 (여의도1급지)			96.7		
동작		94.2			
관악				89.4	
서초	101.9				
강남	104.3				
송파	99.9				
강동			99.3		

서울시 행정자치구 5급지

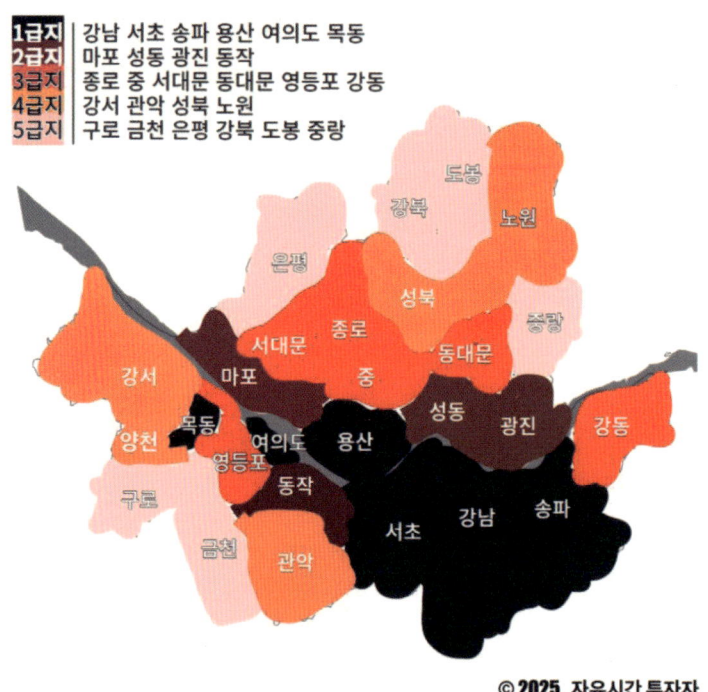

서울시 행정자치구 5급지

    서울시 행정자치구 5급지를 직관적으로 지도상에 표시하면 위의 그림과 같아요. 서울시의 5급지는 서울 2040 도시기본계획에 있는 서울시 중심지 체계와도 비슷한데요. 두 이미지를 비교해 보면 서울시 중심지 체계와 급지 체계는 연동되어 있다는 것을 알 수 있습니다.

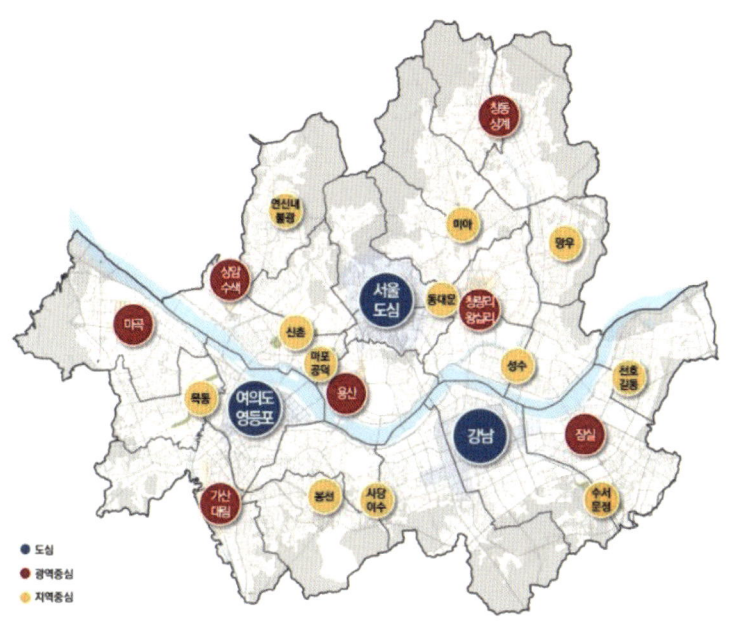

서울시 중심지 체계

중심지 체계와 급지 체계를 연동해서 분석해 보면, 서울 3도심이 있는 여의도, 강남과 그 주변 자치구인 목동, 용산, 서초, 송파가 1급지 그리고 여의도와 강남 접근성이 우수한 마포, 성동, 광진, 동작이 2급지입니다. 3도심 중 하나이지만 여의도와 강남에 많은 기능을 나눠준 서울 도심의 종로와 중구, 도심권 접근성이 우수한 서대문, 동대문 그리고 여의도를 포함한 지역구지만 아직 개발이 미흡한 영등포구, 재개발 재건축으로 2급지 진입을 눈앞에 둔 강동이 3급지고요. 서남권의 강서, 양천, 관악과 동북권의 성북, 노원이 4급지입니다. 마지막으로 서울 외곽에 위치한 구로, 금천, 은평, 강북, 도봉, 중랑이 5급지예요.

이렇게 중심지 체계와 급지 체계를 연동해서 공부하다 보면 내 예산에서 내 집 마련할 수 있는 지역이 보이기 시작합니다. 첫 집으로 1, 2급지에 바로 입성하면 정말 좋겠지만 주변의 도움 없이 첫 집을 이 지역에 산다는 것은 불가능에 가깝죠. 그래서 첫 집을 찾아보기 가장 좋은 지역은 역시 3~5급지 지역입니다. 3급지 대장 아파트와 신축 아파트는 20억 원을 호가하지만 10년 이상 아파트 중에서는 충분히 우리가 살 수 있는 아파트들이 많이 있습니다. 3급지에서는 '생애최초 대출' 레버리지를 최대로 쓸 수 있는 7.5억 원 이상 아파트를 찾아보면 좋을 것 같아요. 4~5급지는 소액으로 투자할 수 있는 아파트부터 3급 정도의 가격대를 보이는 우수한 입지에 있는 아파트도 있는 다양한 가격대를 보이는 지역이죠. 입지 7요소를 활용해서 급지별 분석을 하면서 접근한다면 분명 우리 예산에 맞는 좋은 아파트를 고를 수 있다고 확신합니다. 그렇다면 입지 7요소에는 뭐가 있고, 실제로 어떻게 입지 7요소를 활용해서 아파트 입지분석을 하면 되는지 알아볼게요.

완벽한 입지분석을 위한 7요소

　입지의 요소는 직장, 교통, 학군, 상권, 녹지, 문화시설, 공공기관 등으로 총 7가지가 있습니다. 이 요소들을 판단하는 데 필요한 기준은 단 한 가지, 곧 시간입니다. 시간은 새로 만들 수 없고 모두에게 동일하게 주어진 유일한 단위이자 자원입니다. 그래서 집에서 직장까지 얼마나 걸리는지, 어떤 교통수단이 있어서 시간을 얼마나 단축시켜 주는지, 학교는 얼마나 공부를 잘하고 학원은 얼마나 형성되어 있으며 이동에 몇 분이나 걸리는지, 백화점과 대형마트까지는 몇 분이 걸리는지, 한강이나 공원 등 도시화된 서울에서 희귀한 녹지까지 이동하는 데 몇 분이 소요되는지, 영화관·공연장·헬스장 등 여가활동을 위한 공간으로 이동하는 데 얼마나 걸리는지, 시청·구청·국세청 등 공공기관에 가는 데 얼마나 걸리는지를 비교 분석하면 됩니다. 모든 요소가 우수한 아파트는 당연히 가격도 비쌀 겁니다. 지역별 대장 아파트들은 입지 7요소가 모두 우수한 아파트라고 볼 수 있죠. 그렇다면 입지 7요소를 어떻게 활용하면 좋을지 자세히 알아볼게요.

(1) 직장

　우리나라 대표 직장군은 여의도, 강남, 서울 도심이죠. 70년대까지만 하더라도 서울도심 '원툴'이었지만 의도적으로 여의도, 강남을 개발하면서 인구와 기능을 분산했습니다. 이때 등장한 강남은 우리나라 직장의 50% 이상을 아직까지도 담당하고 있다고 해도 과언이 아니죠.

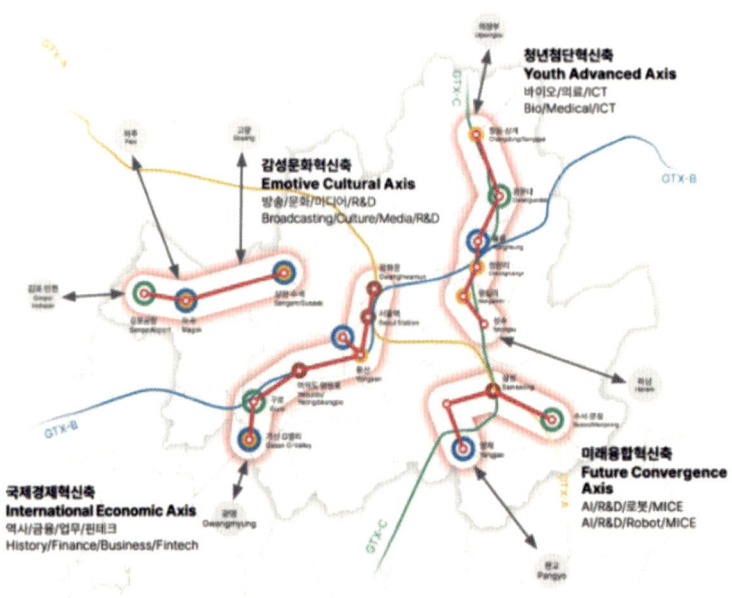

2040 서울도시기본계획에서 제시한 산업-경제축

위 사진은 2040 서울도시기본계획에서 제시한 산업-경제축입니다. 중심지 체계와 연계해서 산업 거점-자원의 미래 성장 기반을 구축하겠다는 청사진이죠. 1960년대만 하더라도 동대문에 있는 봉제공장, 구로·가산에 있는 경공업 산업단지들은 우리나라 GDP를 선도하는 첨단산업단지였습니다. 그래서 우리나라 최초의 지하철도 이 라인을 따라 생겨났고 그 주변 집값은 우리나라를 선도하는 대장들이었습니다. 그러나 시간이 지나면서 우리나라도 동대문에 있는 봉제공장들은 재개발을 통한 주거지역으로 재탄생을 준비 중이고, 구로·가산에 있던 경공업 산업단지들도 대부분 철거되어 지식산업센터로 변신하는 등 4차 산업 시대에 발맞춘 변화를 보여주고 있습니다. 2025년인 현재 서울의 직장군은 강남, 여의도, 서울 도심을 비롯해 서북권의 상암·수색의 디지털미디어시티, 카이스트·경희대학교가 있는 동북권의 홍릉, 동남권의 양재와 수서·문정, 서남권의 마곡과 가산 G밸리, 마지막으로 도심권에 위치한 용산 국제업무지구가 그 역할을 해나갈 예정입니다. 주요 직장군에는 고소득 직장인이 모이게 되고, 결국 이 직장인들은 직주근접을 위해 직장 주변에 사는 것을 선호하게 됩니다. 결국 직장 주변의 집값은 계속 올라갈 수밖에 없는 것이죠. 강남과 여의도의 집값은 이미 비싸지만, 다른 지역은 우리가 노려볼 만한 곳이 있어요. 특히 가산 G밸리 인근과 마곡, 상암·수색 디지털미디어시티, 홍릉 등은 아직 집값 상승이 크지 않아 도전해 볼만한 지역이에요.

(2) 교통

교통은 직장에 얼마나 빨리 갈 수 있는지를 나타내는 요소죠. 교통 비교·분석은 '아실'을 이용하면 좋아요. 운행 중인 지하철 노선과 앞으로 운행 예정인 노선 모두 볼 수 있습니다. 특히 운행 예정인 지하철은 '계획 – 예비타당성 조사 – 착공 – 준공'까지 4단계로 표현할 수 있는데요. 이것은 호재 4단계라고 불리기도 합니다. 아실에서는 이렇게 세부적으로 표현해 주니까 교통을 비교·분석하기 좋죠. 아마 느끼셨겠지만, 직장과 교통은 정말 밀접한 관련이 있습니다. 그래서 직장과 교통은 함께 비교·분석하는 게 좋아요.

입지분석 7요소 중 첫 번째로 직장을 알아보았죠. 주요 직장군이 어디에 있는지 알았다면 이젠 그 직장까지 얼마나 빠르게 갈 수 있는지를 분석하는게 중요합니다. 서울에서 자가용을 타고 이동하는 건 정말 자살행위에 가깝죠. 걸어가는 게 오히려 시간을 아낄 수도 있습니다. 버스도 전용차로를 이용하여 교통체증에서 어느 정도 자유롭다고 하지만 완벽한 교통수단은 아니에요. 교통이 혼잡한 서울에서 정확한 시간에 역마다 정차하고 교통체증에서 완전히 자유로운 존재는 바로 지하철입니다. 지하철은 서울에서 정말 소중한 존재죠. 그래서 입지분석 7요소 중 교통은 당연히 지하철을 말합니다. 서울에는 1~9호선과 신분당선, 공항철도, 경의중앙선, 수인분당선까지 여러 노선이 거미줄처럼 엮여 있어요. 이렇게 여러 노선 중에서 주요 직장군을 관통해서 지나가는 지하철을 주목해야 합니다. 2, 7, 9호선과 신분당선, 개통 예정인 신안산선이 그런 노선이에요. GTX-A부터 C까지 개통 예정인 광역급행철도도 주요 직장군을 관통하는 좋은 노선이죠. 이렇게 좋은 노선들 가까이 있는 아파트 가격에 직접적인 영향을 줘요. 그래서 아파트가 직장까지 물리적으로 거리가 멀더라도 가까이 있는 아파트보다 가격이 비쌀 때가 있죠. 실제 집을 나서서 직장까지 들어가는 걸, '문에서 문까지(Door to Door)'라고 표현합니다. 지하철역에 가까이 있는 아파트가 '도어 투 도어' 시간이 적게 걸리기 때문에 비싼 가격을 형성해요. 그래서 주요 직장군과 거리가 멀더라도 지하철역에 가까이 붙어있는 아파트를 찾는 게 중요해요. 물론 직장군과 거리가 가까우면서 지하철역도 가까운 저렴한 아파트를 찾는 게 가장 좋겠죠?

그렇다면 지하철역이면 아무 역이나 가까이만 있으면 다 좋은 걸까요? 물론 어떤 역이든 집 가까이 지하철이 있으면 당연히 좋습니다. 하지만 지하철 노선에도 좋은 노선과 상대적으로 좋지 않은 노선이 존재하고 그걸 구분할 수 있어야 지하철역에 가까이 있으면서 저렴한 아파트를 찾을 수 있게 됩니다. 어린 시절을 서울에서 보낸 사람이라면 이야기가 다르겠지만 서울에서 살아보지 않은 사람이라면 지하철 노선이 어떻게 구성되어 있는지, 어떤 걸 타야 주요 업무지구를 지나갈지 알 수 없습니다. 서울 지하철을 몇 번 타보지 않았거나 한 번도 이용해 본 적 없는 사람도 있기 때문인데요. 그렇기 때문에 성공적인 서울 부동산 투자를 위해서는 반드시 서울 지하철 노선도를 공부해야 합니다. 왜냐하면 어떤 노선이 좋고 어떤 노선이 나쁜지 구분할 수 있어야 그 부동산이 정말 저평가되어 저렴한 것인지 아니면 그냥 그 가격이 적절한 것인지 알 수 있기 때문이에요. 그래서 지금부터는 총 3단계로 개발된 1~4호선과 5~8호선, 마지막으로 9호선과 신분당선, 신안산선을 모두 분석해 보겠습니다. 서울 지하철 11개 노선을 모두 분석한 뒤 노선별 점수도 5점 만점으로 평가해 볼 것입니다. 지하철들은 어떤 이유에서 개발되었고 결국 몇 호선이 가장 높은 가치를 가지게 되었는지 함께 알아볼까요?

지하철 1호선

서울 지하철 1호선은 우리나라 지하철 역사의 시작이라고도 할 수 있습니다. 1971년 4월 서울시청 앞에서 착공식을 열고 3년 만인 1974년 8월 15일에 준공되었죠. 잠시 역사적 이야기를 하자면, 준공식은 당시 박정희 대통령이 참석하는 성대한 행사가 진행될 예정이었으나 바로 이전 행사인 광복절 기념행사에서 육영수 여사가 저격당하는 사건이 있어 국무총리 주재로 성급하게 치러졌다고 해요. 이렇게 서울 지하철 1호선의 준공으로 대한민국은 아시아에서 일본, 중국, 북한 다음으로 지하철을 운행하는 네 번째 국가가 됐습니다. 비슷한 시기 북한의 평양 지하철도 1968년 착공하여 1973년 9월 개통되었다고 합니다. 체제 경쟁이 심했던 시기이니까 우리나라도 이에 자극을 받아 서둘러 지하철을 도입한 건 아닐까 하는 생각이 들어요. 서울 지하철 1호선은 1974년 개통 이후 지금까지 총 80여 개 역으로 늘어났는데요. 지금은 북으로는 연천까지, 서로는 인천항까지, 남으로는 아산 신창까지 총 200여km에 달한다고 합니다.

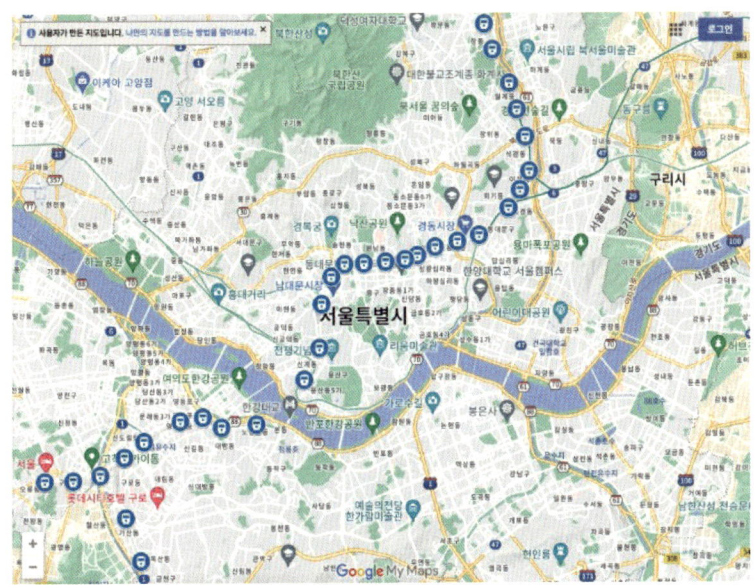

서울 지하철 1호선의 역 위치 (자료 – 구글 맵)

서울 지하철 1호선 역 위치는 위 사진과 같습니다.

위 사진은 구글 지도에 서울 지하철 1호선의 역 위치를 표시해 둔 것이에요. 물론 파란색 선으로 쭉 그어진 지하철 노선도가 보기에 예쁘고 눈에도 익을 겁니다. 하지만 부동산 분석을 하기 위해서는 실제 지도 위에 지하철 노선을 두고 보는 게 좋습니다. 그래야 지하철 노선이 지나가는 주요 직장군을 직관적으로 볼 수 있기 때문이죠. 서울 지하철 1호선은 준공 당시 서울 도심의 직장군(종로구, 중구), 인천과 구로구의 공단, 동대문구의 봉제공장들을 이어주는 역할을 했어요. 당시에 서울 지하철 1호선 역세권 부동산의 입지는 서울 최고였습니다. 지하철이 1호선뿐이었으니까 그런 거 아닌가 하고 생각하실 수도 있겠지만, 70년대 우리나라는 경공업과 제조업으로 GDP를 이끌어나갔어요. 그래서 위 직장군에 출퇴근하는 근로자들이 직주근접을 달성하며 거주하려는 수요가 많았습니다. 하지만 첨단 산업의 변화로 오늘날의 지하철 1호선의 무게감은 많이 떨어졌습니다. 70년대 경공업과 제조업은 우리나라의 첨단 산업이었으나 지금은 시대가 바뀌었어요. 4차 산업혁명 시대에서 서울 도심, 구로구의 공단, 동대문구의 봉제공장 중 아직까지 영향력이 있는 직장군은 서울 도심과 구로구 정도에요. 구로구 공단도 빠른 시대적 흐름을 못 이기고 도태되면서 대부분의 시설이 지식산업센터 등 오피스로 변화했죠. 구로디지털단지(구디단), 가산디지털단지(가디단)이 그것입니다. 특히 가산디지털단지는 G밸리로 구성되며 마곡과 함께 서남권의 새로운 직장군으로 도약할 준비를 하고 있어요. 지금 동대문구의 봉제공장들은 지금 아무런 영향력이 없다고 봐도 무방한데요. 과거에는 봉제가 우리나라 GDP의 높은 부분을 차지했겠지만 4차 산업혁명을 겪고 있는 지금은 아닙니다. 그래서 과거 봉제공장들이 있던 자리는 대규모 재개발이 진행되고 있고, 차차 서울 도심에 근접한 입지의 주거단지인 아파트로 변화를 앞두고 있습니다.

서울 지하철 1호선의 점수는? 최종적으로 현재의 서울 지하철 1호선에 5점 만점으로 점수를 주자면 3점입니다. 동대문 봉제공장이 힘을 다하고, 구로가산 경공업단지도 대부분 철거되었지만, 아직 서

창신동 봉제골목 일대(봉제공장 900여 개 밀집지역) (자료 - 아실)

울 도심권 업무지구는 굳건하고 용산에 개발될 국제업무지구와 가산디지털단지에 구성되고 있는 G밸리는 새로운 직장군으로 도약할 준비를 하고 있습니다. 하지만 이런 업무 지구들이 아직 착공조차 못한 곳도 있고 100% 활성화되지 못한 곳도 있기 때문에 높은 점수를 주진 못했습니다. 그래도 아직 지하철 1호선의 가능성은 무한해 보이네요.

지하철 2호선

강남의 탄생과 함께한 서울 지하철 2호선의 역 위치는 아래 사진과 같습니다.

서울 지하철 2호선을 말하려면 서울의 역사 중 강남 개발에 대한 이야기를 안 할 수가 없습니다. 어떤 지역이 개발될 때는 교통도 함께 개발되는 게 당연합니다. 지역이 개발되고 나서 교통에 대한 공사를 추가하려면 이미 빽빽하게 들어선 건물 아래로 공사를 하는 비용과 난이도가 높기 때문에 그렇죠. 그래서 지하철 2호선에 대해 알아보기 이전에 함께 개발된 강남이 과연 어떻게 탄생했고 어떻게 지금까지 대한민국 최고 업무지구이자, 대한민국 부동산을 선도하는 대장 동네로 자리 잡고 있는지 알아보려고 합니다.

대한민국 건국 이후 1949년의 서울의 행정구역은 지금의 마포구, 서대문구, 종로구, 중구, 용산구, 성동구, 광진구, 동대문구, 강북구,

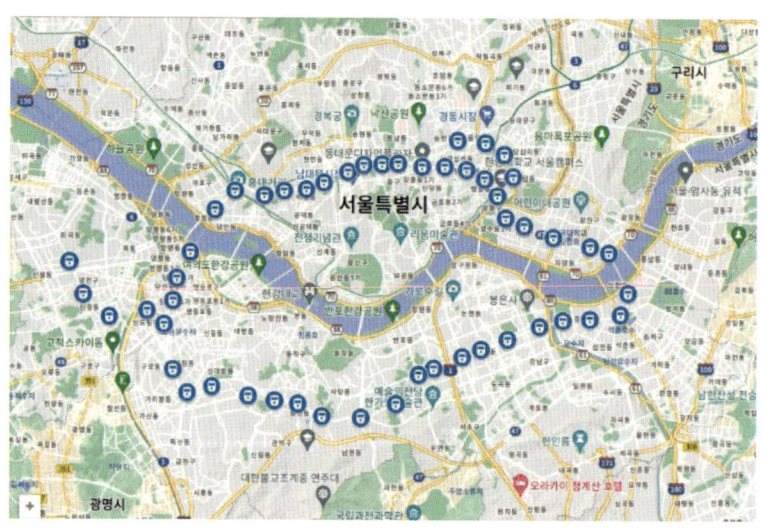

서울 지하철 2호선의 역 위치 (자료 – 구글 맵)

영등포구 정도였습니다.

'엥? 그런데 강남이 안 보이네요?'

강남은 그 당시 없었습니다. 강남이 개발된 건 1963년 이후니까요. 그때가 돼서야 지금의 강서구, 양천구, 구로구, 금천구, 관악구, 동작구, 도봉구, 노원구, 중랑구, 강동구와 함께 지금의 강남 3구로 불리는 서초구, 강남구, 송파구가 서울의 행정구역으로 추가되었고, 이때서야 서울이 한강 이남까지 확장됩니다. 하지만 서울의 행정구역은 한강 이남으로의 확장만 있었을 뿐 여전히 강남은 논밭과 과수

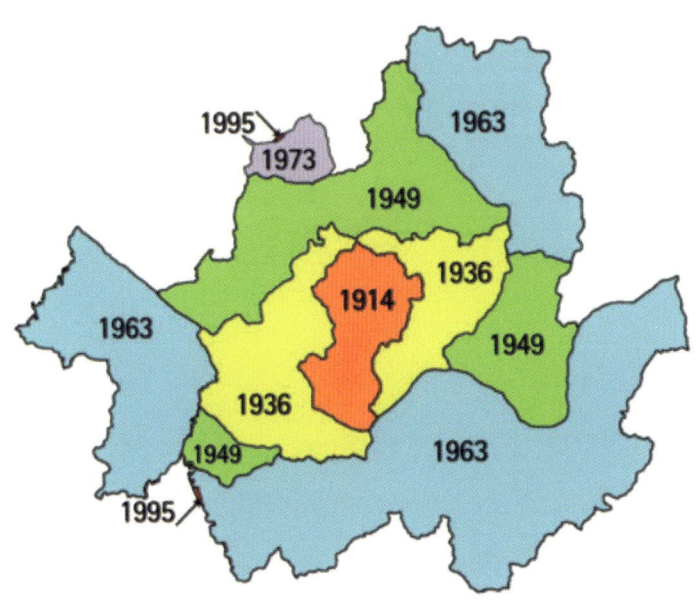

서울시 행정구역의 변화 (1) (자료 – 서울도시계획포털)

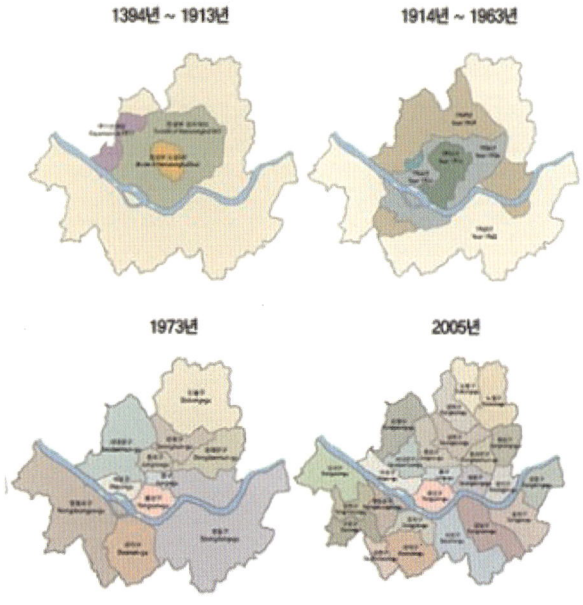

서울시 행정구역의 변화 (2) (자료 - 서울도시계획포털)

원뿐 아무것도 없었죠. 그런데 어떻게 강남은 한때 서울의 중심이었던 중구, 종로구 등 조선 600년 수도였던 한양의 사대문 안을 넘어 대한민국의 중심이 되었을까요?

그것은 강남의 개발 목적에서 찾을 수 있습니다. 강남 개발의 목적이 무엇이냐구요? 강남의 개발 목적은 '강북 억제, 강남 개발'이에요. 정부는 1960년대 여의도 정비를 시작으로, 강북에 밀집된 인구를 분산시키기 위해 강남을 개발했습니다. 정부의 뜻을 전폭적으로 따라 서울시도 주거, 교통, 학군, 직장군까지 모든 요소들을 강남에 몰아준다는 내용의 계획을 작성했죠. 일단 사람이 살 수 있게 집이 필요했습니다. 아무것도 없는 강남에 일단 사람이 살 수 있도록 아파트를 건설하게 되는데요. 그렇게 개발된 아파트가 현재 대한민국의 아파트 가격을 선도하는 반포와 압구정에 있는 대규모 아파트 단지인 반포주공과 압구정현대아파트입니다. 당시 입주한 아파트는 현재 모두 40년 차 이상 되어 재건축이 가능한 아파트가 되었죠. 두 아파트 중 반포주공은 이미 재건축이 완료되었거나 현재 진행 중입니다. 압구정과 반포는 모두 우리나라 최고 상급지 주거지역이라고 할 수 있는데요. 하지만 굳이 형님과 아우를 정하라면 압구정이 형님, 반포가 아우였어요. 그런데 압구정보다 반포가 먼저 신축 아파트로 재건축되며 새로 태어나면서 지금은 잠깐 아우가 형님보다 조금 더 잘나가는 상황이 되었습니다. 그렇게 반포주공에서 재건축이 완료된 친구들은 강남 아파트 가격을 선도하는 대장 단지가 되었죠. 래미안원베일리, 래미안퍼스티지, 반포자이, 아크로리버파크, 래미안원펜타스, 반포퍼스티지와 준공을 앞둔 래미안트리니원, 반포디에이치클래스트가 바로 새로 태어난 잘나가는 아우들인데요. 압구정 형님들은 노후한 집 상태에도 불구하고 아우들과 대등한 모습을 보이는 중입니다. 새 아파트로 다시 태어나면 얼마나 멋진 큰형님의 위용을 보여줄지 기대되네요.

강남을 최고 입지로 몰아주기 위한 첫 번째는 직장 몰아주기였습니다. '집만 있으면 뭐 하냐. 직장이 없는데.' 70년대에도 우리나라는 지금과 다르지 않은 자본주의 사회였습니다. 집만 있으면 어떻게 살아요. 당연히 돈을 벌 수 있는 직장이 필요했죠. 당시 잘 나가던 한국전력 등 당시 국영기업과 정부의 종합청사를 일부 강남으로 이전시켰습니다. 지금이야 공무원, 공기업이 인기가 없고 누구나 돈 많이 주는 대기업에 다니고 싶어 합니다. 하지만 그때 당시엔 국영기업과 공무원이 대기업만큼 잘나가던 시절이니, 얼마나 엄청난 밀어주기였는지 체감이 됩니다

최고 입지로 몰아주기 두 번째는 교통 몰아주기입니다. '교통이 너무 불편한데?' 사람이 살 수 있는 아파트는 지어 놨는데, 집도 있고 직장도 있는데 나머지 인프라는 아직 강북을 못 따라가는 상황이었어요. 게다가 한강 이북과 이남을 가로지르는 한강이 있는 터라 강남 주민이 강북에 있는 인프라를 이용하기도 불편했죠. 그래서 지하철과 대교 건설을 추진합니다. 이때 지하철 2호선의 노선 모습이 수정되는데요. 최초 계획에서는 서울 도심을 중심으로 방사형으로 계획되었던 서울 지하철 2호선의 계획이 지금의 모습처럼 순환선으로 변경됩니다. 당시 서울의 중심이었던 한양도성 내, 도심인 광화문에서 뻗어나가는 방사형 노선은 잠시 미뤄두고 강남을 위해 순환노선을 설계한 거죠. 이때 개발된 순환선 노선은 아직까지도 우리나라 지하철 중 유일한 순환선 노선이에요. 지하철 6호선이 순환선과 방사형이 혼합된 형태이긴 하지만 100% 순환선으로는 아직까지 2호선이

유일합니다. 마침내 1984년 강북과 강남을 순환하는 서울 지하철 2호선이 완전히 개통되었습니다. 그리고 1년 후 1985년 서북권과 동북권에서 강남까지 이어지는 서울 지하철 3, 4호선이 이어서 개통되면서 강남은 서울 최고의 교통 중심지가 됩니다. 강남은 지하철뿐만 아니라 차를 중심으로 생각해도 교통 1번지입니다. 이어서 개발된 경부고속도로와 고속터미널의 건설은 강남을 전국 최고의 교통 중심지로 만드는 데 부족함이 없었습니다.

최고 입지로 몰아주기 세 번째, 학군 몰아주기에요. '집도 있고, 직장도 있고, 교통도 좋은데, 학교는 어떻게 하지?', '사실상 학군이 제일 중요한 거 아닌가?' 1970년대 대한민국은 이미 엄청난 교육열로 학군을 중요하게 생각하고 있었는데요. 학군이 자연스럽게 성장하고 자리를 잡으려면 상권이 조성되는 시간만큼 오랜 시간이 걸렸습니다. 1990년대 계획된 1기 신도시의 모습을 보면 쉽게 이해가 가능한데요. 1기 신도시인 분당, 평촌, 산본, 중동, 일산은 모두 학군이 좋은 것으로 유명하죠. 개발 후 10년이 지난 즈음부터 자리 잡기 시작하여 20년이 한참 넘은 지금에서야 완전히 자리를 잡았습니다. 그러니까 강남의 학군도 자연스럽게 자리를 잡으려면 10년 이상 걸렸을 것이죠. 그런데 강남을 최고의 입지로 만들어서 강북에 거주하는 서울 시민들을 강남으로 이주시켜야 하는 당시 상황에서는 강남의 학군을 자연적으로 성장하도록 지켜볼 시간이 부족했습니다. 그래서 선택한 방법은 가히 충격적인데요. 당시, 강북 최고의 명문 학교들을 강남으로 이주시켰습니다.

앞의 사진은 강남 개발을 위해 이전한 구 강북 지역 명문고의 과거 위치와 현재 위치를 표시한 사진인데요. 이름만 들어도 알 만한 서울고, 경기고, 휘문고, 중동고, 배제고, 보성고 등 명문고들이 보입니다. 사실 이 명문고들은 대부분 강북 종로 일대에 있던 학교들입니다. 당시 서울 종로는 학군의 메카였어요. '종로학원'이라고 한 번쯤 들어보셨죠? 지금은 대치동에 있는 입시학원 중 하나로 유명하죠. 그런데 '대치동에 있는 학원인데 왜 종로학원일까?'라는 의문 한 번쯤 가져보신 적 없나요? '종로엔 학교도 없고 대치동이 짱인데 왜 도대체 종로학원인 거야?' 하고 말이죠. 대치학원이 아니라 종로학원인 이유는 실제로 이 학원이 1965년 4월 종로구 인사동에 설립된 우

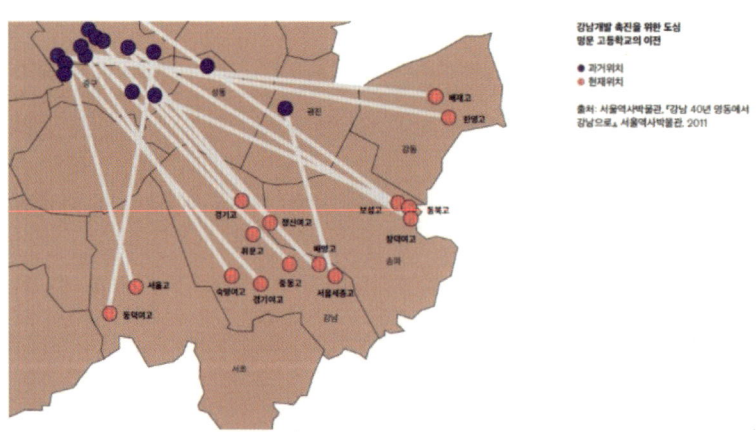

강북지역 명문고의 과거위치와 현재위치 (자료 - [강남 40년 영동에서 강남으로])

리나라 최초의 대학입시 학원이기 때문입니다. 종로학원도 강북 명문고들 근처에서 운영되는 학원이었는데 학교들이 이주해 떠나가자 종로의 학구열이 예전같지 못해 지금의 대치동에 분점을 낼 수밖에 없었던 것이죠. 그리고 우리나라 학군 1번지가 강남이 되면서 '종로학원'은 강남에 위치한 학원이 되었어요. 이렇게 주거, 교통, 직장, 학군을 모두 완성한 강남은 1980년대부터는 별다른 노력 없이도, 또 다른 외부 지원 없이도 스스로 성장했습니다. 이렇게 강남역부터 삼성역까지 이어지는 테헤란로는 우리나라 최대 업무지구로 자리 잡게 되었습니다.

지하철 2호선의 점수는 당연히 5점입니다. 서울을 확장하면서 '강남'이라는 브랜드가 탄생했고, 이런 강남을 위한 지하철로 개발된 서울 지하철 2호선은 좋은 노선입니다. 강남의 개발 배경에 정부의 전폭적인 지원이 있었던 만큼 강남을 지나는 최초의 노선인 2호선의 점수는 단연 최고일 수밖에 없습니다.

지하철 3호선

지하철 3호선은 지하철 4호선과 동시에 개발되어 동시에 개통한 노선입니다. 두 노선은 과연 어떤 목적으로 개발되었을까요?

서울 지하철 3, 4호선이 동시에 개발되고 개통된 만큼, 두 노선은 서울을 세로로 접은 것처럼 대칭을 이루고 있습니다. 그중 3호선은 서울 서북권과 서울 동남권을 이어주면서 서울 도심과 강남을 관통하는 노선으로 개발되었죠. 바로 직전에 개통한 지하철 2호선의 개통으로 도심과 강남이 순환선으로 이어지며 서부와 동부 일부 지역에 지하철이 지나가게 되었습니다. 하지만 서울 지하철 1, 2호선이 지나지 않는 서울 외곽지역은 여전히 교통 소외지역이었어요. 그렇기 때문에 서울 외곽에서 서울 도심과 강남으로 이동하기는 아직 힘들었죠. 결과적으로 서울 외곽에서 출발해서 도심을 가로질러 강남까지 이어지는 교통망이 필요했고 그렇게 서울 지하철 3, 4호선의 개발이 시작됩니다. 지하철 3, 4호선은 1980년 착공하여 1985년 개통을 완료하게 되었죠.

3호선이 최초 개통 당시에 운행하던 구간은 구파발-양재 구간이

서울 지하철 3, 4호선 개통식 (자료 – 서울교통공사)

에요. 이후 1990년대 초반 1기 신도시의 개발에 맞추어 구파발-대화 간 일산선이 연장되었고, 강남 남부에 주거지역으로 개발되었으나 교통 소외 지역이었던 개포동, 대치동까지 연장되었습니다. 그렇게 양재-수서 구간이 완성되었죠. 1990년대 후반에는 수서에서 송파까지 노선을 연장하여 서울 지하철 5, 8호선과 분당선을 잇겠다는 목적으로 수서-오금 구간이 개발되어 2003년 착공, 2010년 개통되어 지금의 모습이 되었습니다.

서울 지하철 3호선의 노선 형태와 역 위치는 위의 사진과 같습니다. 이렇게 서울 지하철 3호선은 서울의 서북권과 도심을 관통하여 강남까지 이어지게 됩니다. 순환선인 2호선과 다르게 서울 도심에서 북서와 남동쪽으로, 방사형으로 뻗어나가는 모습이죠. 강북의 주요 업무지구인 도심을 관통하고, 압구정, 반포, 고속터미널, 남부터미널, 양재, 대치 등 강남의 주요 지역들을 모두 지나는 좋은 노선이 완성되었습니다. 때문에 서울 도심-강남 간 직결성이 좋아져서 순환선이었던 2호선에 비해 접근성이 다소 좋아지기도 했습니다. 하지만 지하철 3호선에도 치명적인 단점이 있었는데요. 바로 강남의 주요 업무지구는 지나지 않고 주변만 빙 돌다가 끝난다는 것이죠. 위에 서울 지하철 3호선의 역 위치를 지도에 찍어둔 사진을 보면 바로 아시겠지만 강북 지역의 노선은 직진성을 보이면서 괜찮은 모습이지만, 강남에서 압구정, 반포를 지나 개포, 대치로 이어지는 노선은 강남의 업무지구를 사실상 우회하는 듯한 이상한 모습입니다. 이것은 당

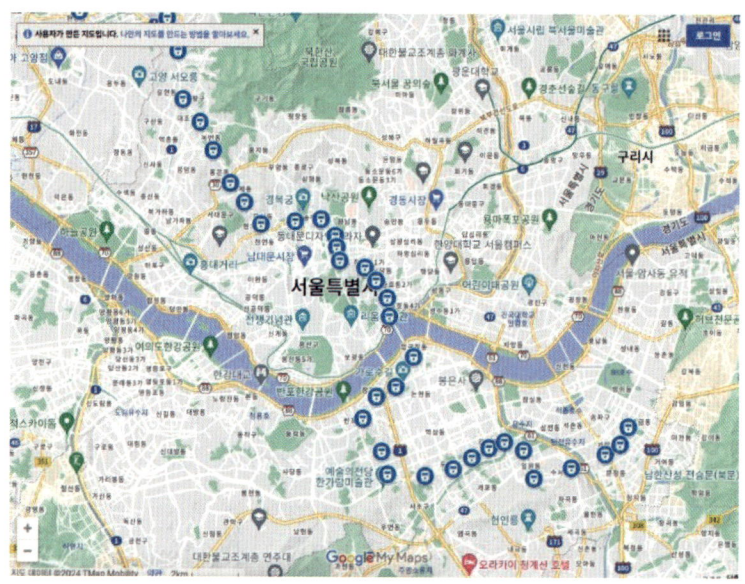

서울 지하철 3호선의 역 위치 (자료 – 구글 맵)

시 강남의 개발 상황에 대한 비하인드 스토리를 안다면 이해가 가능한데요. 강남은 한강변에 있는 압구정, 반포와 상대적으로 외곽인 개포, 대치에 아파트가 많이 지어졌습니다. 하지만 지하철 2호선은 강남에 있는 주거지역과 강남의 직장을 연결해 주는 모습보다는 강북과 강남의 직장을 이어주는 모습이었죠. 그래서 지하철 3호선 중 강남 부분의 노선은 압구정, 반포, 개포, 대치에 있는 아파트의 교통을 개선해 주기 위한 목적이 컸던 것입니다. 그런데 이렇게 강남의 직장은 지나지 않고 아파트만 지나는 노선이 완성되다 보니 큰 문제점이 생겼는데요. 강남에 사는 사람들에게는 지하철이 생기면서 교통이 개선되었지만, 강남 외곽에서 강남의 업무지구인 테헤란로에 있는 직장으로 출퇴근하는 사람들에게는 별로 도움이 안 되는 노선이 되어버렸습니다. 그렇다 보니 지하철 3호선의 점수는 높게 주기가 어려운데요. 그럼에도 불구하고 서북권의 서울 도심 접근성을 크게 개선하고 도심을 관통해 강남의 업무지구 인근까지 도달하는 방사형 노선이기에 3점을 주고 싶네요.

지하철 4호선

서울 지하철 4호선의 역사는 앞서 다룬 3호선과 동일합니다. 3호선의 데칼코마니 노선인 4호선은 서울의 동북권과 서울 도심, 강남을 이어줄 목적으로 개발되었죠. 1985년 4월 한성대입구-상계 구간과 10월 사당-한성대입구 구간이 연결되면서 4호선의 개발 목적을 달성합니다. 서울 동북권에 최대 베드타운이 탄생할 수 있었던 이유는 4호선 덕분이 아닐까 생각합니다. 서울 동북권 거주자의 서울 도심(남대문 시장 - 구 동대문 봉제공장 단지)과 강남(서초, 사당)의 업무지구 접근성이 크게 개선되었는데요. 이 덕분에 1986년 상계동부터 1990년대 중반까지 중계, 하계, 월계동까지 동북권에 서울 도심과 강남에 출퇴근하는 직장인을 위한 중소형 아파트를 공급하면서 서울 최대의 베드타운을 형성할 수 있는 배경이 되었습니다.

이때 준공한 아파트는 2023년까지 서울 자치구 아파트 세대수 1위를 마크하고 있는데요. 아직까지도 세대수 1위라니, 입주 당시엔

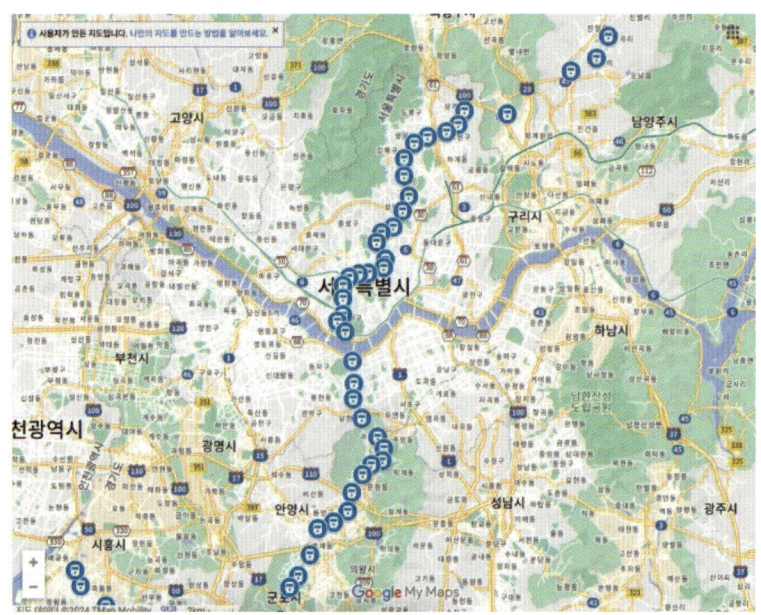

서울 지하철 4호선의 형태와 역 위치 (자료 - 구글 맵)

얼마나 엄청난 공급이었을까 짐작이 됩니다. 2024년에 강동구에 있는 둔촌주공이 재건축되면서 대한민국 최대 세대수를 기록한 올림픽파크포레온이 입주를 시작했는데요. 아직 2024년 자치구별 아파트 단지, 동, 세대 수 자료가 업로드되진 않았지만 2024년에도 노원구는 서울 자치구 중 아파트 세대수 1위를 유지할 것으로 보입니다.

이렇게 4호선 덕분에 개발된 동북권 베드타운인 노원구 아파트 단지는 한강 이북 학군의 자존심으로 성장하는데요. 상계, 중계, 하계, 월계동의 아파트는 서울 도심, 강남에 출퇴근하는 서민을 위해

2023년 자치구별 아파트 단지, 동, 세대 수 (자료- 서울특별시)

개발된 동북권의 대규모 베드타운인 만큼 엄청난 세대수로 구성되어 학생들도 많이 거주하게 되었습니다. 학생들이 많다 보니 대규모 학원가가 중계동 은행사거리에 조성되었는데요. 이 효과는 지하철 2호선 이야기를 하면서 다뤘던 강남 개발과 비슷하면서도 다른 모습입니다. 강남은 종로에 있던 명문고들을 강남으로 이주시키면서 당시 최고 입시학원이었고 아직까지도 유명한 '종로학원'까지 대치동으로 이전하는 배경이 되었습니다. 이처럼 강남의 대치동 학원가는 한강 이북에 있던 명문고들 학군이 강남 일대로 한꺼번에 이전되면서 형성되었는데요. 노원구 중계동 은행사거리의 학군은 강남의 학군 형성과는 다른 점이 있습니다. 학군을 강제 이전하며 형성된 강남과는 달리, 아파트가 많이 공급되면서 학생 수가 늘어났고 학생들의 사교육 수요도 늘어나며 자연스럽게 형성되었기 때문입니다. 전국의 학생 수가 줄어들며 노원구에 있는 전체적인 학생 수도 줄어들고 있어서 중계 학원가의 열기가 예전 같지 않다고 하지만, 중계동 은행사거리에 조성된 학원가는 지금까지도 그 명성을 이어오며 동북권 지역의 사교육 메카로 자리를 굳건히 지키고 있습니다.

4호선 덕분에, 90년대 초반 1기 신도시와 00년대 중반 길음과 미아 뉴타운 개발이 가능했습니다. 지하철 3호선이 경기 서북부의 1기 신도시인 일산의 교통망을 책임져준 것처럼, 경기 서남부 1기 신도시인 평촌과 산본의 교통망은 4호선이 책임졌죠. 그렇게 평촌과 산본은 4호선과 연결되며 서울 출퇴근이 가능한 수도권 베드타운이 되었습니다. 1992년 평촌, 산본 신도시가 입주한 지 2년 뒤, 안산에서 시작된 안산선 4호선이 사당과 연결됩니다. 평촌과 산본의 입지는 지금도 좋은 평가를 받고 있는데요. 평촌, 산본은 강남으로의 접근성이 우수한 1기 신도시로 분당과 함께 1기 신도시 집값을 선도하고 있습니다. 그리고 2000년 중반부터는 성북과 강북구에 위치한 길음과 미아 뉴타운이 조성되었어요. 길음, 미아 뉴타운은 노원의 베드타운보다 물리적으로 서울 도심과 더 가까운 위치에 있어 서울 도심에 출퇴근하는 직장인들에게 인기가 많았죠. 하지만 언덕 지형이 많고 중계동 은행사거리처럼 많은 학원이 밀집된 학원가는 없어서 학원은 중계동으로 다닌다고 합니다. 그럼에도 불구하고 아직까지 노원보다 더 높은 가격대를 형성하고 있죠. 노원구의 아파트는 40년 차에 가까워지고 있는데요. 준공 30년 이후부터는 안전진단 없이 재건축 추진이 가능한 지금, 추가 분담금 이슈를 잘 극복하고 새 아파트로 탄생할 수 있을지도 주목해 봐야 할 것 같아요. 4호선이 지나가는 지역들은 '인서울' 중에서 우리가 도전하기 좋은 가성비 아파트들이 많습니다. 중계동 학원가를 품고 있는 노원에 있는 아파트와 길음, 미아 뉴타운에 위치한 15년 차 이상 아파트들이 바로 그것인데요. 4~6억 원까지 소액 투자가 가능한 금액으로 구성된 아파트들이 많아서 1억 원대 투자금으로 내 집 마련이 가능하기 때문에 저축한 돈이 부족하지만 내 집 마련을 빨리 하고 싶다면 이 지역을 주목해야겠습니다.

지하철 4호선은 몇 점일까요? 지하철 4호선은 순환선으로 개발된 2호선을 보완해 주는 노선이죠. 서울 도심과 강남을 잇는 'X' 모양의 방사형 노선에서 '/'를 담당합니다. 서울 도심을 관통하긴 하지만 서초와 동작구 사이를 지나는 모양이라 3호선과 느낌이 비슷하네요. 지금 모습으로는 조금 아쉬운 부분이 있기에 3점입니다. 하지만 앞으로 개발된 용산의 국제업무지구의 성과에 따라서 4~5점으로 상승하게 될 4호선의 미래를 상상해 봅니다.

지하철 5호선

서울 지하철 5호선은 한강 이남의 동서에 있는 외곽지역 교통을 개선하고 주요 업무지구 중 하나인 여의도를 관통하는 모습으로 설계되었어요. 이러한 배경 때문에 여의도의 개발을 빼고 지하철만 설명하기엔 애매하죠. 그래서 지하철 2호선에 대해 다룬 것처럼 여의도 개발과 함께 지하철 5호선에 대해 알아보려고 합니다. 강남과 같은 시기에 개발된 여의도에는 왜 지하철 2호선이 바로 들어오지 않고 10년이 지난 뒤에야 서울 2기 지하철인 5호선이 들어왔는지, 함께 보시죠.

서울 지하철 5호선의 개발 목적은 크게 세 가지에요.

1. 한강 이남 동서 외곽지역의 교통 문제 해결
2. 주요 업무지구인 여의도를 관통하는 노선의 필요
3. 김포국제공항을 잇는 노선의 필요

서울 지하철 5호선 이전 1~4호선들은 모두 서울의 남북을 관통하는 노선이었죠. 그나마 2호선이 순환선의 형태로 일부 구간이 서울의 동서를 어느 정도 이어주긴 했지만, 순환선이다 보니 서울 외곽지역까지 교통망 개선 효과를 누리긴 어려웠고 동서를 이어줄 목적인 횡노선은 더더욱 아니었습니다. 서울의 서북권과 동북권의 교통은 3, 4호선이 어느 정도 해소해 주었다지만, 한강 이남에 있는 서울의 동서 외곽 지역들을 이어주는 교통망이 필요했어요. 5호선의 등장 이전에 있던 대표적인 교통 소외지역이 두 곳 있었는데요. 서남권의 영등포구(특히 여의도)와 강서구, 동남권의 강동구가 바로 그곳입니

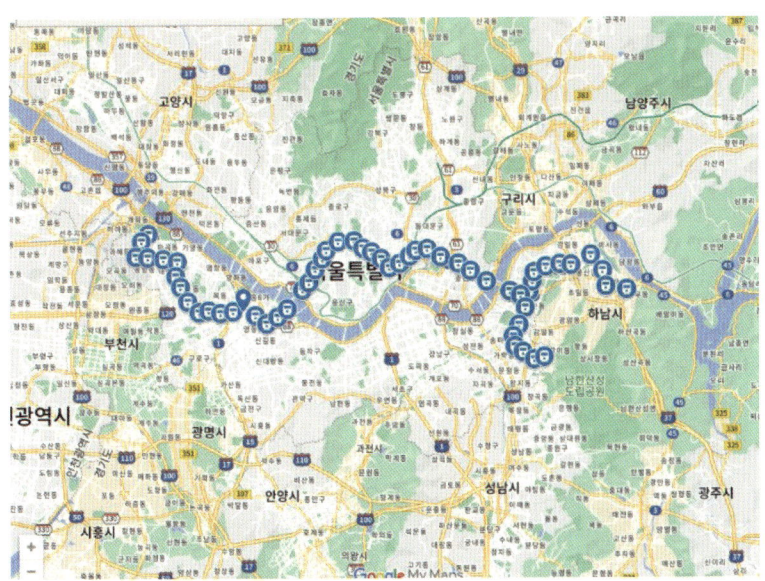

지하철 5호선의 형태와 역 위치 (자료- 구글 맵)

다. 이 지역은 서울 지하철을 이용하려면 가장 가까운 2호선 당산, 양천구청역이나 잠실역까지 버스를 이용해야 했어요. 1980년대에 들어서 아직 자가용의 도입은 1가구 1대도 안 되는 더딘 상황이었음에도 불구하고 교통정체는 그때에도 실존하는 문제였고, 앞으로 더 늘어날 교통량을 버스로만 감당하기에는 한계가 있을 것이 분명해 보였습니다. 그래서 이 지역을 이어주는 지하철의 개발이 필요했던 상황이죠. 마침내 1995년 서울 지하철 5호선이 완전히 개통되며 서울 지하철 최초로 동서를 잇는 횡노선이 완성되었습니다. 강서구-여의도-마포-서울 도심-성동(왕십리)-광진-강동-송파를 잇는 지하철

5호선의 등장으로 강서구, 여의도, 강동구는 버스 없이도 서울 지하철을 바로 이용 가능하게 되었어요. 뿐만 아니라 공항철도 개통 이전까지는 김포공항과 서울 도심을 이어주는 공항철도의 역할을 하면서 서울을 방문하는 외국인들의 교통도 획기적으로 개선해 주었죠. 그리고 드디어 업무지구를 관통하는 지하철을 갖게 된 여의도의 위상 또한 더욱 높아지게 되었습니다.

서울 지하철 5호선은 서울 지하철 중 유일하게 전 구간이 지하로 설계되어 있어요. 한강을 두 번이나 횡단하는데 모두 하저로 설계되어 한강의 아래를 지나갑니다. 그리고 서울 지하철 5호선은 서울과 수도권과의 연결성도 개선해 주었는데요. 2020년 하남선이 연장되어 상일(고덕)-강일-미사-하남검단을 이어주며 서울 동쪽에서의 '인서울' 접근성을 높여 주었고, 서울 서쪽에 있는 인천 검단신도시에도 지하철 5호선 연장 계획이 발표되었죠. 인천 검단신도시에 지하철 5호선 연장 계획은 제가 첫 집으로 마련한 아파트가 그쪽에 있는 만큼 더 기대가 되네요.

사실 여의도는 1980년도에 지하철 2호선이 관통할 예정이었어요. 여의도 개발 시기에 맞추어 지하철 2호선도 개발되었기 때문에 당연한 순서였습니다. 여의도도 강남처럼 서울 도심에 있는 인구를 분산해야 하는 임무를 가지고 있었기 때문이죠. 하지만 여의도를 지나 더 넓은 형태의 순환선으로 계획이 변경되면서, 여의도의 첫 지하철은 20년 뒤인 1990년대에나 들어오게 되었습니다. 지하철 2호선이 여의도를 지나가지 않은 이유는 여의도 지역의 자가용 대중화에 있지 않았을까 생각해 봐요. 1980년대 여의도는 우리나라 최고의 부촌 중 하나였습니다. 모든 주거지역이 아파트로만 구성된 만큼 가장 먼저 자가용의 대중화가 이뤄진 동네라고 해요. 1980년대 중반에 이미 1가구 1대의 자가용 소유를 기록했다고 하니까 정말 엄청난 부촌이었다는 생각이 듭니다. 이런 상황을 종합적으로 고려했을 때 1980년대 중반에 개통된 지하철 2호선이 여의도를 지나 목동까지 지선을 뻗고, 당산과 합정을 이으며 한강을 횡단한 것이 서울의 확장을 가속시키며 결과적으로 서울 도심의 인구를 효과적으로 분산시킨 게 아닐까요?

이전에 지하철 2호선과 강남의 개발을 함께 말했던 것처럼, 지하철 5호선 이야기에서는 여의도의 개발을 빼먹을 수 없죠. 1970년대, 여의도 개발이 시작되었습니다. 여의도의 개발도 결국 강남과 같은 목적이 있었다 보니 개발되는 모습도 비슷한데요. 먼저 주거지역을 짓고, 직장군을 만들고, 학군을 구성했습니다. 그렇게 지어진 여의도의 첫 아파트는 1971년에 준공된 여의도 시범아파트에요. 여의도 시범아파트로 시작한 아파트 건설은 1980년에 완공된 미성아파트를 마지막으로 끝났습니다. 앞서 언급했지만, 여의도 주거 환경의 신기한 점은 단 한 채의 단독, 연립, 다세대 주택 없이 100% 아파트, 오피스텔, 주상복합의 조합으로만 주거지역이 구성되었다는 것인데요. 그러다 보니 개발 초기부터 우리나라의 최고 부촌 중 하나로 꼽히며,

세대당 1대의 자가용을 소유하는 자가용 대중화가 가장 먼저 일어난 게 아닐까 생각이 듭니다. 여의도는 한때 한남동, 압구정동, 청담동과 함께 대한민국에서 가장 비싼 동네를 기록하기도 했지만 지금은 거의 모든 아파트가 재건축을 바라보고 있는 준공 40년차 이상 구축 아파트라서 그 타이틀을 넘겨주었어요. 하지만 서울 3도심 중 하나이며 최고의 입지를 가진 지역인 만큼 지금의 가격은 가치가 저평가된 상태가 아닐까 하는 생각이 듭니다.

주거지역 개발에 이어서 여의도의 직장군은 1970년대 중반부터 개발되었습니다. 1975년 국회의사당이 준공되고, 1976년에는 KBS 방송국이 준공되었죠. 1979년에는 명동에 있던 한국증권거래소를 비롯해 명동과 을지로에 흩어져 있었던 증권업체와 금융기관을 대거 이전시켰습니다. 강남 개발과 비슷하죠? 이렇게 여의도는 한국의 금융 1번지, 한국의 월스트리트로 거듭나게 됩니다. 그리고 여의도는 1970년대 중반부터 우리나라의 방송가 역할도 했는데요. 1982년 MBC, 1990년 SBS가 각각 차례로 입주하면서 그 역할은 더욱 중요해졌습니다. 2000년대 초 상암에 디지털미디어시티가 개발되어 각 방송사의 사옥들이 이전하기 전까지 여의도는 대한민국 방송의 중심 역할을 했습니다.

여의도에 있는 거의 모든 아파트가 준공 40년차 이상 구축 아파트이다 보니 재건축 추진이 활발해요. 여의도의 재건축은 2008년 한성아파트가 여의도자이로 완공된 후 단 한 건도 착공된 아파트가 없습니다. 앞에서 언급한 여의도 최초의 아파트인 시범아파트는 와우아파트 붕괴 사고 이후 처음 준공된 아파트인데요. 이런 배경이 있어서 그런지 안전에 대한 준공검사를 정말 철저히 받았습니다. 그래서 여의도 시범아파트는 준공 50년 차가 넘은 아파트임에도 불구하고 안전진단을 통과하지 못해 재건축 추진을 못 할 뻔했죠. 서울의 신축 아파트의 공급 부족 문제가 이슈화되면서 여러 규제가 완화 되었는데요. 그중 하나인 재건축 가능 연한 축소와 함께 안전진단 기준도 완화되었어요. 지금은 안전진단 없이도 준공년차 30년 이상 아파트는 재건축을 추진할 수 있게 되었습니다. 따라서 아직도 튼튼한 여의

재건축을 추진 중이거나 추진하려는 여의도의 아파트들

도 시범아파트는 다행히 재건축이 가능하게 되었답니다.

여의도의 최고 장점은 녹지입니다. 여의도의 녹지는 엄청난 프리미엄이에요. 서울은 고밀개발된 도시이기 때문에 이렇게 여의도처럼 녹지와 어우러진 공간을 찾기란 정말 힘듭니다. 서울의 녹지 요소 중 최고를 꼽으라면 단연 한강이 아닐까 싶네요. 여의도는 한강을 포함해 서울에 몇 안 되는 대형 공원을 가지고 있죠. 한강과 동시에 센트럴파크의 축소판이라고 불리는 여의도 공원을 끼고 있기에 여의도의 가치는 정말 엄청납니다.

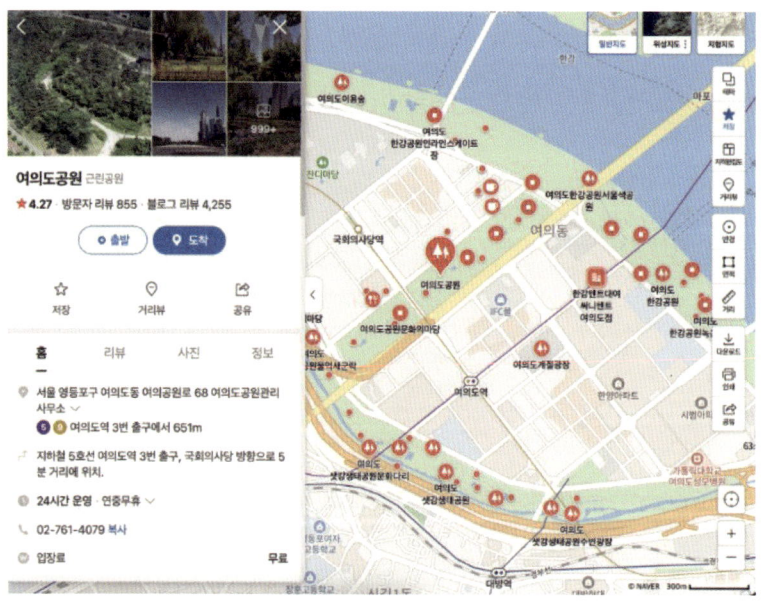

여의도의 공원들 (자료 – 네이버 지도)

지금의 여의도 공원의 모습은 1994년에 수립된 21세기 서울시 개발 플랜에 의해 뉴욕의 센트럴파크, 런던의 하이드파크 같은 도심권 공원을 건설하고자 하여 시작되었는데요. 1997년 공원화를 위한 착공을 시작하여 1999년 서울시립공원인 여의도 공원으로 완전히 개장하게 되었습니다. 서울에서 희귀한 대형 녹지를 가지고 있다 보니 다른 지역에서도 여의도 공원을 찾는 인구가 점차 많아졌어요. 그렇다 보니 교통망의 개선이 필요하게 되었죠. 그래서 여의도 공원의 교통망 개선을 위해 2005년 버스 환승센터 공사를 하던 중에 재밌는 걸 발견합니다. 바로 비밀 벙커를 발견한 것이죠.

1980년대 중반 여의도 공원 개발 전 광장의 모습 (자료 - 나무위키)

1970년대 지어진 여의도 비밀 벙커는 발견된 지 12년 만에, 내부 인테리어를 마치고 현재는 서울시립미술관(SeMA, Seoul Museum of Art)으로 운영 중이에요.

본격적으로 개발되기 이전까지 여의도는 공항으로 사용되었습니다. 일제시대 때 공항으로 개발되어 1960년대까지 민군공항으로 사용되었죠. 이후 김포공항의 개발로 여객 임무를 완전히 넘겨주었고, 군 공항의 역할도 서울공항 개항 이후 이전하게 되면서 공항으로서의 역할을 끝냈습니다. 그런데 1958년에 개항한 김포국제공항의 이름, 뭔가 어색하지 않나요? 마치 지하철 2호선과 강남 개발을 이야기

SeMA 벙커 출입구
(자료 - 나무위키)

1970년대 초 여의도 항공 사진 (자료 - 나무위키)

하며 다뤘던 '종로학원'처럼 말이에요. 2001년 인천국제공항이 개항하기 전까지 우리나라 최대규모 공항이었던 '김포'공항. 김포공항이라고 부르고는 있지만 사실은 강서구에 위치해 있는데요. 그 이유는 서울의 팽창에 있습니다. 1963년, 서울이 점점 팽창하면서 1958년 개항 당시에는 김포에 속해있던 김포공항이 서울로 편입되었기 때문이죠. 최초엔 김포였지만 강서구로 편입된 이후에도 그대로 김포공항이라는 이름을 유지하고 있는 것입니다.

한강 이남 외곽지역의 교통을 개선해 주고 여의도를 관통한 최초의 지하철인 지하철 5호선은 몇 점일까요? 함께 보셔서 아시겠지만, 서울 지하철 5호선은 여의도와 서울 도심을 지나는 매우 좋은 노선입니다. 그럼에도 불구하고 단점이 한 가지 있죠. 바로 강서와 강동을 이어주는 횡노선임에도 불구하고 강남이 아닌 서울 도심을 지난다는 점입니다. 서울 도심이 아닌 강남을 지나갔다면 망설임 없이 5점을 줬을 것 같아요. 하지만 5호선이 강남을 지나지 않고 서울 도심을 관통하도록 설계된 이유도 생각해 보아야 합니다. 개발 당시엔 공항철도가 없어서 5호선이 김포공항의 공항철도 역할도 해야 했기 때문에 서울 도심을 지나야 했어요. 그리고 환승이 필요하긴 하지만 지하철 2호선을 이용하면 여전히 강남에 쉽게 갈 수 있기 때문에 한강 이남에 있는 횡노선임에도 불구하고 서울 도심을 관통하게 된 것이 아닐까요? 이렇게 강남을 지나지 않는다는 단점이 있긴 하지만 지하철 5호선은 서울 주요 직장군 세 곳 중 단지 강남만 안 지나갈 뿐이에요. 무려 서울 도심과 여의도를 지나가는 엄청난 노선인 건 분명합니다. 여의도와 서울 도심을 관통하고 김포공항의 공항철도 역할도 해주는 좋은 노선이기에 4점을 주고 싶습니다. 마곡의 업무지구가 더 발전한다면 아쉬운 마음 없이 5점을 주게 되는 날이 올 수도 있겠죠?

지하철 6호선

서울 2기 지하철인 지하철 5호선에 이어 개통된 6호선입니다. 이전에 다룬 지하철 5호선은 한강 이남 지역 외곽에 있는 강서, 강동을 이어주고 공항철도 개통 이전까지 김포공항과 서울 도심을 잇는 핵심 교통망이었는데요. 지하철 5호선이 한강 이남 지역에 집중한 횡노선이었다면 이번에 다룰 지하철 6호선은 한강 이북 지역에 집중한 횡노선입니다. 지하철 5호선의 개발 목적과 동일하게 한강 이북 지역 중 아직 지하철이 다니지 않는 서울 외곽지역에 지하철을 공급하는 게 목적이었어요.

서울 지하철 6호선은 서울 강북 지역에서 시작해서 강북 지역에서 끝나는 모습입니다. 지하철 5호선이 한강 이남 동서 외곽에서 출발했지만 서울 도심을 관통했던 것처럼, 6호선도 한강 이북에서 출발하고 강남을 관통했어야 하는 거 아닌가요? 이런 모습으로 설계된 이유는 서울 지하철 6호선의 개발 목적 때문이에요.

1. 서울시 지하철 소외지역 개선

2. 타 노선과의 연계로 강북 지역 환승 네트워크 구축

서울 지하철 6호선은 1994년 착공하여 2000년 개통했어요. 이는 함께 개발했던 서울 2기 지하철들, 5~8호선 중에서도 가장 늦은 편입니다. 이는 중요도가 더 높았던 일부 지역을 먼저 착공하고 중요도

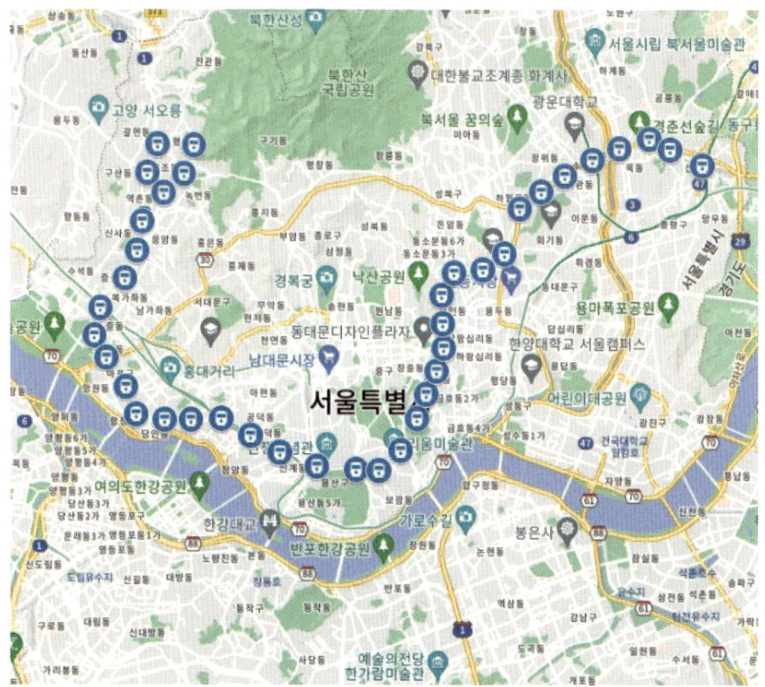

서울 지하철 6호선 역 위치 (자료 – 구글 맵)

가 떨어지는 지역은 늦게 진행했기 때문인데요. 그래서 상대적으로 중요했던 강서구, 양천구, 강동구, 송파구, 성남시, 노원구, 중랑구의 지하철들은 1990년에 먼저 착공하였지만, 전체적으로 중요도가 떨어졌던 6호선은 그보다 4년 늦게 착공이 되었죠. 그리고 1997년 외환위기로 준공이 더 지연되었습니다. 그렇게 개발된 6호선은 차량기지는 신내역 인근에만 있고 연신내 일대는 순환선으로 구성해서 선형노선과 순환노선을 모두 사용한 유일한 지하철입니다. 6호선이 이렇게 특이한 노선 모양을 가졌던 이유는 개발하는 중 계획단계에서 식별하지 못했던 문제들로 인해 고생이 많았기 때문인데요. 서울 도심을 관통하기 위해 종로5가 역을 경유하려는 계획도 있었으나, 노선이 급커브를 돌아야 하고 과도하게 많은 노선이 모여 혼잡하다는 이유로 한강진-버티고개-약수-청구-신당-동묘앞-창신으로 다소 우회하는 노선이 생기게 되었어요. 덕분에 용산 동부와 중구 동부 등 교통 소외지역에도 지하철역이 생기게 되었습니다. 디지털미디어시티-공덕 구간은 용산선 노선을 공유할 계획이었으나, 경의중앙선과 공항철도가 용산선 사용에 우선권을 받게 되면서 6호선은 성산-마포구청-망원-합정-상수-광흥창-대흥으로 우회하게 되었습니다. 덕분에 더 많은 지역에 지하철 역을 만들 수 있었어요. 응암순환선의 탄생배경에는 당시의 기술적 한계가 가장 컸다고 하는데요. 최초 계획은 연신내역이 종점이 되어 연신내역 북쪽 지하에 회차 시설이 들어올 예정이었다고 합니다. 그런데 연신내 일대 주거지역에 소음 및 진동 피해가 우려되어 단방향 순환선으로 만들어 버렸죠. 덕분에 연신내 일대에 더 많은 역들이 생기게 되었어요. 6호선은 총 10개의 수도권 지하철 노선과 환승 가능합니다. 서울 강북 지역을 지나는 노선 중에서는 수인분당선을 제외한 모든 노선과 접해있어 엄청난 환승 네트워크를 보여줘요. 6호선에서는 1호선(동묘앞, 석계), 2호선(합정), 3호선(불광, 연신내, 약수), 4호선(삼각지), 5호선(공덕, 청구), 7호선(태릉입구), 경의중앙선(DMC, 공덕, 효창공원앞), 경춘선(신내), 공항철도(DMC, 공덕), 우이신설선(보문역)과 환승이 가능해 지하철 네트워크를 매우 충실하게 구축했습니다.

지하철 6호선의 점수는 몇 점일까요? 앞서 다뤘던 1~5호선까지는 강남, 여의도, 서울 도심 중 한 곳의 업무지구를 지나갔어요. 그러나 6호선은 정말로 아무 곳도 안 지나가요. 5호선이 그랬던 것처럼 '한강 넘어서 강남을 살짝 들렀다가 다시 강북 올 수 있는 거 아니냐'라고 생각하실 수도 있겠습니다. 하지만 6호선은 강남은 둘째치고 서울 도심도 지나지 않는 노선이에요. 업무지구는 모두 피해 갔지만 교통소외지역을 이어서 주요 노선과의 환승성을 높여주는 역할에 충실하며 그 성과를 초과 달성한 훌륭한 노선입니다. 그렇지만 6호선 자체에 높은 점수는 줄 수 없을 것 같아요. 6호선의 점수는 2점입니다.

지하철 7호선

서울 지하철 7호선은 같은 시기에 개발된 서울 2기 지하철인 5~8호선 중 단연 으뜸이에요. 7호선이 지나가는 역의 위치만 봐도 바로 느낌이 옵니다. 우리나라 최고 업무지구인 강남을 지나는 세 번째 노선인데요. 7호선은 테헤란로를 관통하는 2호선처럼 강남 학동로를 깔끔하게 관통합니다. 결정적으로 노선의 모양이 우회 없이 선형으로 쭉쭉 뻗어 있어서 이동시간도 단축되었죠.

7호선이 이렇게 샤프한 모습을 하고 있는 이유는 두 가지 개발 목적에 있습니다.

서울 지하철 7호선 역 위치 (자료 - 구글 맵)

1. 서울 지하철 1, 2호선의 수요 분산
2. 서울 동북권(노원 남부, 중랑), 서남권(동작) 교통소외지역 개선

서울 지하철 7호선은 서울 지하철 2기 계획의 일부인데요. 동북권의 강남 접근성을 높이기 위해 1990년 말 도봉산-건대입구역 구간을 우선 착공하여 1996년 말 개통하였고, 상대적으로 강남 접근성이 좋았던 서남권 지역의 건대입구-온수역 구간을 1994년 착공했습니다. 외환위기로 공사가 약간 지연된 7호선은 2000년 중반에 모든 구간을 개통하게 되었죠.

서울 동북권과 서남권을 강남으로 이어주는 노선인 7호선이 개발되기 전까지, 이 지역 사람들은 강남으로 이동하려면 1, 4호선을 이용하다가 2호선으로 환승하거나 버스를 이용해야 했습니다. 버스는 90년대에 들어 교통체증이 심해지면서부터 사실상 제구실을 하지 못하였죠. 지하철 역시 강남의 성장을 받아내기에는 역부족이었는데요. 동북권에서 서울 도심으로 가는 사람과 강남으로 가는 사람 모두가 1호선, 4호선을 이용하다 보니 창동-노원에서 동대문-동대문역사문화공원까지 구간은 정말 '지옥철'이었습니다. 7호선이 등장하면서 강남으로 가는 사람이 1, 4호선을 이용하지 않게 되면서 지옥

서울 서북권 지하철 노선표

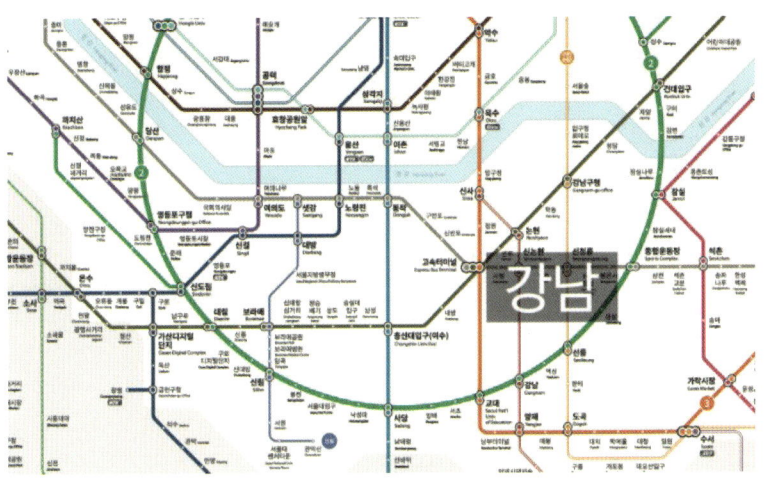

서울 서남권 지하철 노선표

철 구간은 어느 정도 해소되었다고 해요. 서남권도 마찬가지로 2호선만이 강남으로 가는 지하철이었기에 지옥철 그 자체였지만, 7호선이 등장하며 학동로 가는 사람과 테헤란로로 가는 사람이 나뉘면서 지옥철을 벗어나는 데에 성공합니다.

이제 살펴볼 부분은 서울 동북권(노원, 중랑)과 서남권(동작) 교통 개선 사항입니다. 서울 지하철 7호선의 준공으로 드디어 서울 모든 자치구에 지하철이 생겼습니다. 21세기가 되어서야 서울 모든 자치구에 지하철이 보급된 것인데요. 아직까지 지하철이 없던 곳은 중랑구입니다. 사실 중랑구에는 이미 경의중앙선과 경춘선이 지나고는 있었지만 칙칙폭폭 기차였기 때문에 지하철은 아니었죠. 동작구

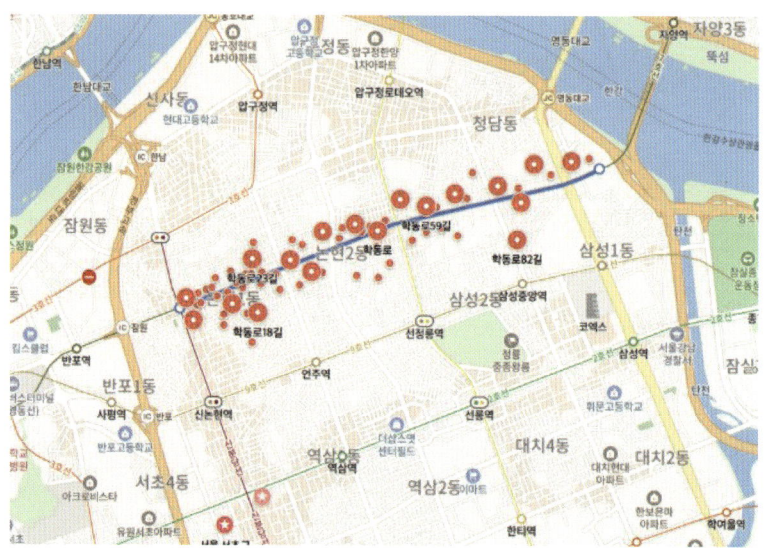
강남 학동로

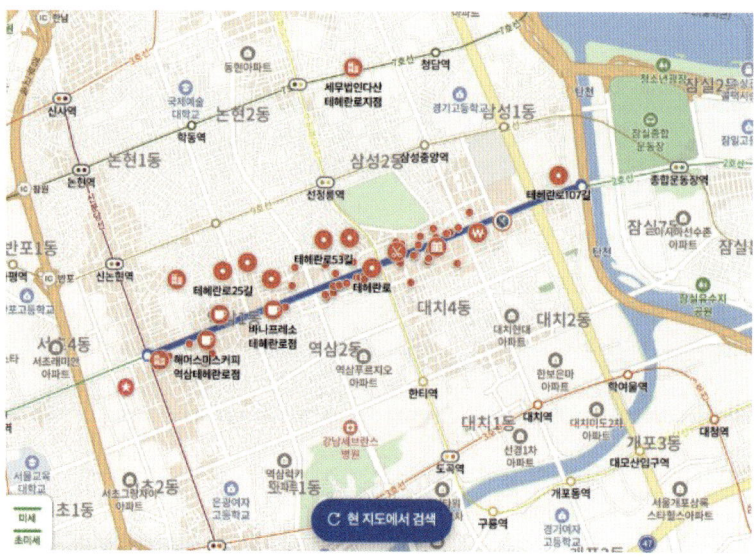
강남 테헤란로

도 사실상 지하철이 없는 자치구였어요. 행정구역 끝, 경계에 걸쳐있는 1호선 대방역과 2호선 사당역의 존재는 지하철이 있다고 하기에도 애매한 위치이죠. 그러나 이후에 7호선이 동작구 중심을 그대로 관통하면서 그 한을 풀어줬습니다.

(좌) 중랑구 / (우) 동작구

7호선의 혜택을 가장 많이 본 것은 노원구에요. 강남까지 30분 대로 진입 가능한 노선을 받은 노원구의 집값은 하늘 높이 날아올라 무려 목동과 어깨를 나란히 했습니다. 물론 90년대 있었던 평촌, 산본, 중동 등 1기 신도시의 개발이 서남권에 많이 비중을 차지하고 있어서 목동의 집값을 압박했던 것도 있죠. 하지만 노원과 목동이 비슷한 위치에 있었다는 건 정말 놀라운 일입니다. 목동과 노원 모두 아파트 위주의 주거지역과 좋은 학군을 바탕으로 한 학원가를 보유하여 지금까지도 비슷한 모습을 하고 있을 거라고 생각하실 수도 있는데요.

2025년 현재 목동은 1급지인 반면, 노원은 4급지에 머물러 있습니다. 결과론이긴 하지만 1990년대는 노원에서 목동으로 3계단 급지 점프를 할 수 있는 절호의 갈아타기 찬스가 아니었을까 생각해 봅니다.

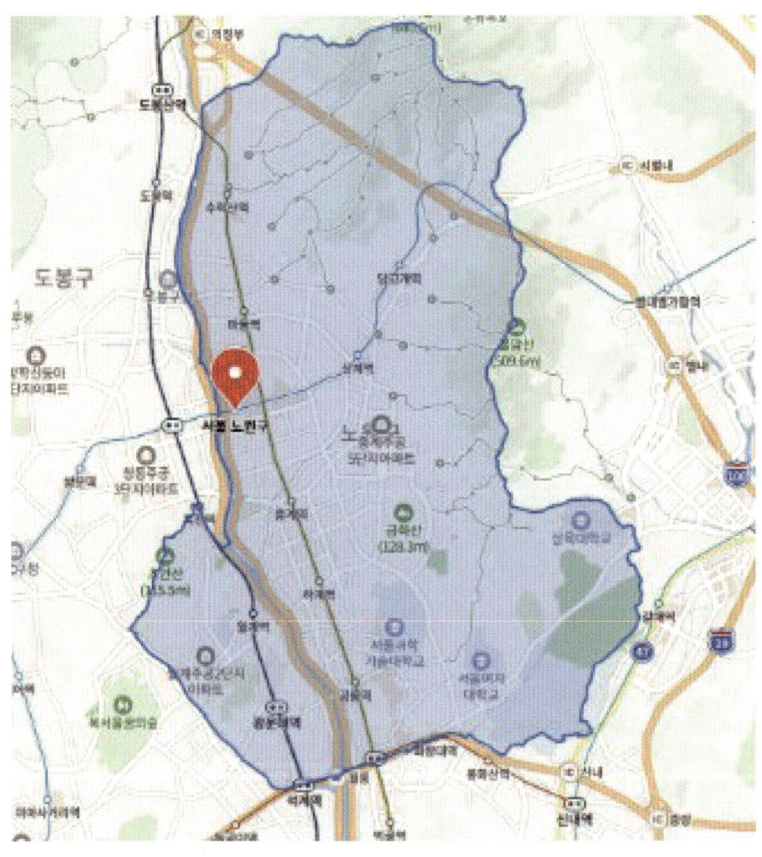

노원구

1992년 서울아파트시세 (자료 – 경향신문)

7호선의 점수는 몇 점일까요? 서문에서 말했던 것처럼, 7호선은 서울 2기 지하철 중 가장 좋은 노선이라고 생각합니다. 동북권, 서남권을 이어주는 노선이면서 우회하는 지역이 없이 쭉 선형으로 강남을 관통하는 게 너무나도 매력적이죠. 서울 1기 지하철 중에서는 강남을 제대로 관통하는 노선은 2호선이 유일했고 5점을 받았었어요. 강남을 제대로 관통하는 7호선, 이번에도 5점을 받아야겠죠?

지하철 8호선

8호선은 서울 2기 지하철의 마지막 노선입니다. 8호선도 분명 서울 지하철이긴 한데, 서울보다는 서울 동북, 동남에 접한 경기도에 더 큰 도움을 준 노선이에요. 특히 성남의 구도심을 두루 돌며 서울 접근성을 높여주었죠. 8호선은 어떤 이유로 이렇게 개발되었을까요?

서울 지하철 8호선의 개발 목적은 아래와 같습니다.

1. 서울 동남권 교통소외 개선(송파 남부, 강동 북부)
2. 경기 동남부, 동북부의 서울 접근성 개선(성남 구도심, 구리, 남양주)

8호선은 분명 서울 지하철이지만 서울 동남권의 교통소외 개선 효과보다는 경기도에서의 서울 접근성을 획기적으로 높여 주었습니다. 지하철 8호선이 개발된 배경을 보면, 왜 성남 구도심을 쭉 돌며 많은 역을 만들게 되었는지 바로 이해가 되는데요. 앞서 지하철 2, 5호선에서 다뤘던 강남과 여의도의 개발 기억하시나요? 1970년대 서울은 주거 환경 개선을 목적으로 강남과 여의도를 동시에 개발하게 되었는데요. 강남과 여의도를 개발한 이유는 그 당시 서울 도심에 집중된 인구와 기능을 분산하기 위함이었죠. 강북 인구의 분산을 위한 두 지역을 개발함과 동시에 강북 지역 내 열악한 주거지역 개선을 함

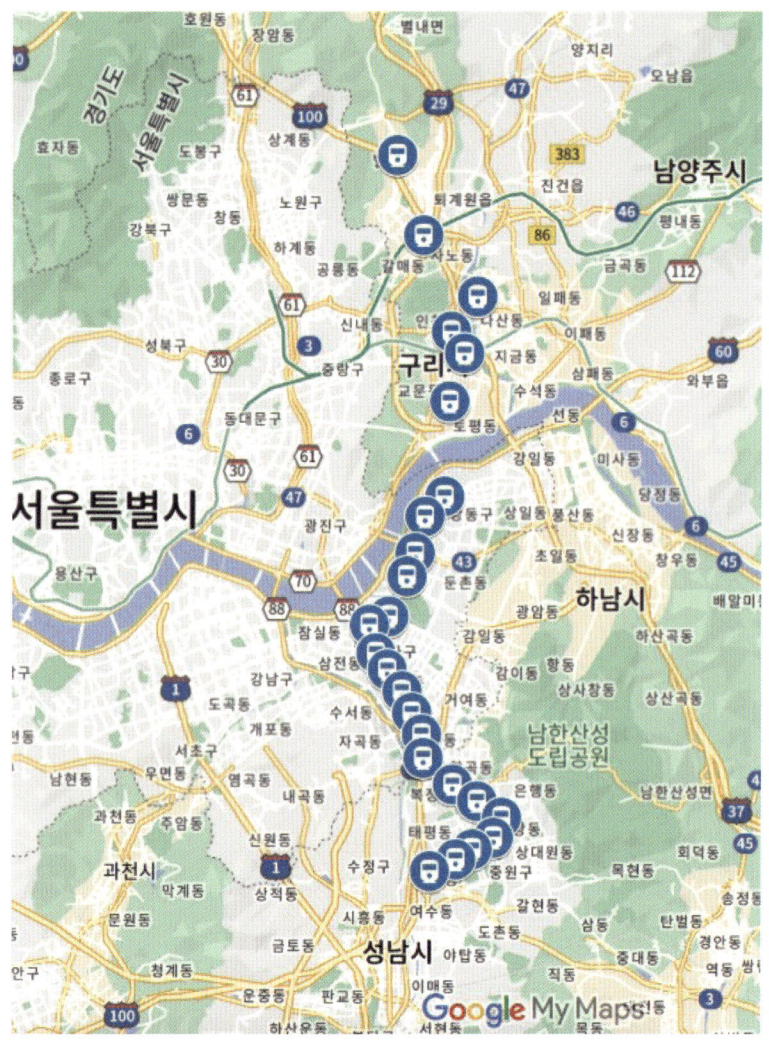

서울 지하철 8호선 역 위치 (자료 - 구글 맵)

게 했습니다. 강남과 여의도를 개발하는 건 사람이 거의 살지 않는 황무지 땅에 새로운 도시를 짓는 것이라 이주 계획이 따로 필요 없었지만, 한강 이북의 서울 도심은 그렇지 않았죠. 광복과 6·25전쟁 이후 '해방촌'이라는 이름으로 서울 곳곳에 판자촌 마을이 생겼는데요. 그 판자촌 마을은 특히 서울역과 청계천 주변에 많이 있었습니다. 하지만 서울역과 청계천 주변은 예나 지금이나 입지가 좋은 곳이라 판자촌을 개발해서 더 좋은 주거지역으로 만들고 싶었겠죠. 그런데 개발을 위해서는 판자촌에 사는 사람들을 다른 지역으로 이주시켜야 했는데요. 이때 이 사람들이 이주한 지역이 바로 지금의 구 성남, 과거의 경기 광주 지역입니다. 2025년 현재 진행 중인 1기 신도시 재건축 계획만 보더라도 기존 거주자의 이주는 매우 구체적으로 계획되어 실행되는데요. 이때 이주 계획은 그렇지 못했습니다. 단순하게 경기도 광주 일대로 사람을 보낸 뒤에 군용 텐트를 하나씩 보급해 주고 끝내버린 거예요. 상하수도, 전기, 가스 등 인프라 구축 없이 땅만 확보해서 알아서 살라고 하니 이주민들의 불만은 엄청났습니다.

결국 열악한 환경에 불만을 품은 이주민들이 시위를 하게 되는데요. 이는 '8.10. 성남 민권운동'이라는 정식 명칭으로 불리는 사건입니다. 이 사건 이후 서울시는 책임을 인정하고 직장군, 교통 등 인프라에 대한 개선을 약속했죠. 그리고 당시 광주군이던 이주민 마을의 행정구역도 성남시로 포함하여 승격시켜 주었어요. 1970년대에는 이미 서울 1기 지하철의 개발과 착공이 진행 중이었기에 경기도 광주시에 지하철이 들어오지 못하고, 다음 계획인 서울 2기 지하철에

(좌) 1_1970년대 서울 판자촌 마을에서 이주한 경기도 광주시 이주민 마을의 모습
(우) 2_1970년대 서울 판자촌 마을에서 이주한 경기도 광주시 이주민 마을의 모습

반영되어 마침내 서울 지하철 8호선이 지금의 성남 구도심을 굽이굽이 누비게 된 것입니다. 8호선의 개발은 상대적으로 교통이 열악하였던 구 성남 지역을 시작으로 1990년부터 모란-잠실역 구간을 우선 착공, 1996년 개통했어요. 반면에 상대적으로 양호했던 송파, 강동구를 연결하는 잠실-암사역 구간은 공사가 늦었습니다. 이곳은 1992년 착공하였지만 외환위기로 공사 기간이 지연되며 다소 늦은 1999년 개통하게 되죠. 이렇게 개통한 8호선은 지금의 위례 신도시, 구성남의 재개발 등 경기 동남부 지역의 주거 개선에 큰 역할을 하고 있습니다. 하지만 8호선은 서울 입장에서 볼 때는 영양가가 낮아요. 지난 6호선과 같이, 개발 목적 자체가 교통소외지역 개선에 집중되어 있었기 때문인데요. 서울의 주요 업무지구를 일절 경유하지 않

으면서, 단순히 강남으로 들어가는 2, 3호선과 2009년에야 등장하는 지하철 9호선의 환승을 위한 노선으로 사용되고 있습니다.

서울 지하철 8호선은 몇 점일까요? 서울 지하철 8호선은 강동구의 강남 접근성, 성남 구도심, 구리와 남양주의 서울 접근성을 크게 개선하였습니다만, 3도심을 지나지 않고 7광역중심 중 하나인 잠실만 지나기 때문에 높은 점수는 줄 수 없을 것 같네요. 8호선의 점수는 6호선과 같은 2점입니다.

지하철 9호선

서울 지하철 9호선은 서울 3기 지하철 중 유일하게 살아남은 노선입니다. 9호선은 3기 지하철인 만큼 최첨단 기술이 사용되면서 가장 효율적인 노선으로 구성되었어요. 서울 지하철 최초로 급행열차를 운행하면서 강서-강남을 30분 이내에 주파하도록 해주었습니다. 그리고 5호선뿐이었던 여의도를 횡으로 관통하며 여의도-강남을 관통하는 엄청난 노선이 완성되었죠. 가장 완벽한 지하철인 9호선에 대해 알아볼게요.

서울 지하철 9호선은 깔끔하고 효율적인 노선입니다.

서울 3기 지하철 개발 계획에는 9호선을 비롯해서 10, 11, 12호선까지의 노선들이 있었어요. 하지만 1997년 외환위기를 겪으면서 모두 백지화되었죠. 결국 9호선과 3호선의 수서-오금역 연장만 정상 진행됐는데요. 그렇다고 지하철 10~12호선이 영원히 사라진 건 아닙니다. 이 호선들은 다른 이름으로 부활합니다.

서울 지하철 9호선의 개발 목적은 정말 재밌습니다.

9호선은 비교적 최근에 지어진 노선이라 그런지 건설지를 볼 수 있는데요. 제 느낌대로 노선 계획 지침을 재해석해 보면.

- 다른 노선 나눠 먹기 금지, 교통 소외 지역 관통해!
- 3호선 강남 구역 우회하는 것처럼 하지 마라, 최단 거리! 직선으로 가!
- 베드타운(강서) – 업무지구(여의도) – 베드타운(동작) – 업무지구(서초, 강남) – 베드타운(송파, 강동)의 효율적인 노선 구성
- 다른 데 건설비 아껴. 고속터미널 역에 '몰빵'해야 하거든.

서울 지하철 9호선 역 위치 (자료 – 구글 맵)

서울 3기 지하철 개발 계획 (자료 – 서울시)

개인적으로 3호선을 시원하게 저격하는 부분이 가장 재밌었습니다. 안 그래도 강남의 업무지역 제대로 관통하지 않고 빙빙 돌려서 얼마나 아쉬웠나요. 그래서 다 완벽한데 4점 줬었잖아요? 9호선 개발하시는 분들은 제 마음을 읽었는지 이렇게 세부 지침을 명확하게 했습니다. 그렇다 보니 9호선은 정말 깔끔하게 구성되었는데요.

'김포공항 - 마곡 - 여의도 - 고속터미널 - 강남 - 종합운동장 - 올림픽공원'

서울의 주요 입지를 관통하는 노선이면서, 심지어 직선으로 구성되었고, 급행도 있어서 빨리 갑니다. 직장, 교통, 학군, 상권, 녹지, 문화시설, 공공기관까지 입지분석 7요소의 모든 지역을 직선으로 관통해 버리는 완벽한 노선이라고 말하고 싶어요. 이렇게 완벽한 9호

(3) 노선계획 지침
1) 중복노선의 배제
 o 중복노선은 역세권이 중복되어 투자의 비효율성이 초래
 o 평행한 노선간에는 상호 균등한 간격을 유지하도록 신규노선을 배치
2) 우회노선의 배제
 o 우회노선(예: 3호선강남구간)은 이용자의 통행거리가 길어지는 부작용 유발
 o 시외곽의 노선 시점과 도·부심의 연결구간은 가급적으로 직선으로 계획
3) 효과적 열차운행이 가능한 노선 선정
 o 시간대별로 상행열차와 하행열차의 최대혼잡구간 승객이 비슷하여야 열차 운행의 효율성이 높음
 o 도심 또는 주요 부심을 기준하여 노선 양방향의 역세권 인구가 비슷하게 노선을 선정
4) 시공의 용이성
 o 노선대는 가급적 노폭 25m이상의 도로와 일치하도록 선정
 o 지표로부터 2층이상 지하철이 매설된 장소는 가급적 신규 노선의 배치를 배제
5) 차량기지의 확보 용이성
 o 노선의 시·종점으로는 차량기지의 확보가 가능한 장소를 선정
 o 가급적 시계밖의 개발제한구역에 차량기지를 확보

서울 지하철 9호선 건설지 (자료 - 서울시)

선의 개발 목적은 단 하나였는데요. 서울 강남 지역의 주거지역과 광역 교통 허브, 업무지구를 가능한 효과적으로 연결하는 것이죠. 이 목적을 효과적으로 달성한 9호선은 단연 서울 지하철 중 최고의 지하철입니다. 김포공항에서 급행열차를 탑승하면 강남 업무지구까지 30분만에 돌파해 버리죠. 이렇게 노선을 깔끔하게 잘 만들어 이용객이 넘치면서 결국 대표적인 지옥철이 되었는데요. 9호선이 지옥철이 된 가장 큰 이유는 사실 따로 있습니다. 바로 8량이 아닌 6량으로 운행하기 때문인데요. 상대적으로 적게 운행되는 열차 수로 인해 이용객을 더 수용하지 못하는 모습입니다. '그냥 2량 더 붙여서 운행하면 안 되나요?'라고 생각하실 겁니다. 저도 그랬거든요. 그런데 설계에서부터 문제가 있었다고 합니다. 계획단계에서 공항철도와 직결되다 보니 공항철도와 동일한 6량 열차로 운행하도록 설계되었고 9호선 모든 노선에 6량 열차를 운행하는 설계를 적용하게 된 것이죠. 그래서 8량으로 증가하여 운행을 하려면 추가적인 설비 공사가 필요한 상황입니다.

9호선의 최고 장점이라고 하면 바로 서울 지하철 최초로 급행 운행을 한다는 게 아닐까요?

급행 정차역

김포공항·마곡나루·가양·염창·당산·여의도·노량진·동작·고속터미널·신논현·선정릉·봉은사·종합운동장·석촌·올림픽공원·중앙보훈병원

서울 지하철 9호선 급행 정차역 건설지

급행열차를 운행하면서 핵심지역에 정차합니다. 주요 업무지구, 광역 교통 허브, 주요 베드타운, 문화시설, 녹지 등 정말 필요한 곳에 딱딱 멈춰주는 게 보기만 해도 기분이 좋네요.

서울 지하철 9호선은 몇 점일까요? 당분간은 6량으로 운행될 수밖에 없기에 러시아워에는 배차시간을 줄이면서 지옥철 해소에 노력하고 있다고 합니다. 너무 아쉬운 단점이긴 하지만 이정도의 단점으로 9호선의 점수를 깎기에는 어림없어요. 9호선은 정말 완벽한 노선이기에 5점을 주고 싶습니다.

지하철 신안산선

신안산선도 서울 지하철일까요? 맞습니다. 신안산선은 계획단계에서 파기되었던 서울 지하철 10호선의 다른 이름이에요. 신안산선은 최초에 서울 3기 지하철 중 하나로 10호선이라는 이름으로 1994년 계획되었습니다. 하지만 1997년 외환위기로 서울 지하철 10호선이 파기되자, 이를 대체하려 만들어진 노선이죠. 그래서 1994년 당시 10호선의 개발계획을 보면 지금의 신안산선과는 조금 다른 모습을 보여주는데요. 기존에 10호선은 여의도를 지나 한강 이북의 서울 도심을 관통한 뒤 청량리까지 이어질 계획이었죠. 하지만 신안산선은 일단 경기 서남권과 여의도를 연결하는 게 목표입니다. 신안산선은 2019년 9월 안산시청에서 착공식을 개최한 후 공사를 시작했어요. 1단계 개발은 경기 서남권 지역인 안산, 시흥, 광명과 서울 3도심

환경영향평가 (자료 - 국가철도공단)

중 하나인 여의도를 잇는 계획이에요. 최초 계획은 25년 준공이었으나 다소 지연되어 26년 말 개통을 목표로 공사 중입니다.

신안산선의 개발 목적은 서울과 경기 서남권의 여의도 접근성을 개선하는 데 있어요. 서울이나 경기 서남권의 여의도 접근성은 매우 불편했죠. 왜냐하면 여의도를 관통하는 노선은 5, 9호선뿐이었기 때문입니다. 5호선과 9호선은 모두 양천구 쪽으로 빠지는 노선이라 서남권 남부인 구로, 금천은 1호선을 이용할 수밖에 없었죠. 신안산선은 1970년 영등포, 가산, 구로의 제조업 경공업 지역을 잇는 지하철 1호선과, 1980~90년대 강남 접근성을 높여주는 2, 7호선 이후 약 40년 만에 등장하는 교통망인데요. 구로와 금천은 여의도와 지리적으론 가깝지만 교통망이 없어 접근성이 떨어졌던 지역입니다. 그렇기 때문에 신안산선의 등장은 교통망이 열악하여 좋은 평가를 받지 못했던 구로, 금천에 좋은 영향을 줄 것으로 예상됩니다.

신안산선 노선도를 보면 서울 영등포, 금천을 거쳐 경기 광명을 관통한 후 경기 시흥으로 빠지는 지선과 경기 안산으로 이어지는 본선으로 구성됩니다. 서울 지하철 1호선 이후 소외되었던 경기 서남권의 광명, 시흥, 안산 지역의 서울 여의도 접근성이 크게 개선될 예정이죠. 신안산선의 노선도 모양에서 풍기는 느낌이 있는데요. 마치 GTX처럼 광역철도로 기능할 것 같습니다. 실제로 신안산선은 GTX급 시간 단축 효과를 가져온다고 하는데요. 신안산선을 이용하면 여의도-안산 이동시간이 기존 100분에서 27분으로 대폭 줄어듭니다.

기존 시간보다 무려 70% 이상 단축되는 것이죠. 안산보다 거리가 가까운 시흥, 광명은 각각 20분, 10분 이내로 예상합니다. 그 효과는 아래 표로 정리한 광역철도 이동시간 단축 효과를 보면 더 직관적으로 체감되는데요.

노선명	이동시간 단축효과
GTX-A	(동탄~수서) 79→19분 (운정~서울역) 54→20분
GTX-B	(인천대~서울역) 120→29분 (마석~서울역) 70→28분
GTX-C	(덕정~삼성) 80→29분 (수원~삼성) 60→28분
신안산선 (안산·시흥역~여의도)	(한양대~여의도) 100→25분

광역철도 이동시간 단축효과 (자료 - 국토부)

광역 철도망인 GTX의 단축 효과가 대부분 70%대를 보이는 걸 보면, 75%의 시간 단축 효과를 가져오는 신안산선도 감히 GTX급 성능을 보인다고 할 수 있습니다.

서울 지하철 신안산선은 몇 점일까요? 서울 주요 업무지구에 대한 접근성은 부동산 가격에 직접적인 영향을 줍니다. 한때 노원의 집값이 목동을 따라갔던 것도 지하철 7호선의 등장으로 강남 접근성이 획기적으로 개선된 시기였죠. 그렇기 때문에 신안산선의 신설역 주변의 교통호재를 맞이하는 아파트들, GTX가 운행되며 엄청난 시간 단축 효과를 얻는 지역들에 관심을 가져보는 것도 좋겠습니다. 신안산선이 용산까지 이어지는 걸 기대하며 지금은 4점을 주도록 하겠습니다.

지하철 신분당선

외환위기의 여파로 서울 3기 지하철 중 9호선을 제외한 모든 노선이 취소되었습니다. 하지만 취소된 10, 11, 12호 노선 가운데 사업성이 좋은 일부 구간은 다른 이름으로 개발이 되었는데요. 그중 하나가 이전에 다룬 신안산선이고 또 하나가 신분당선입니다.

취소된 서울 지하철 11호선과 현 신분당선의 역 위치를 비교해 보면, 강남을 관통하여 서울 도심으로 들어가는 노선의 분위기는 비슷하지만 결정적으로 다른 부분이 있는데요. 기존 11호선은 용산공원 동쪽으로 가는 계획이었으나, 신분당선은 용산공원 남쪽을 돌아 용산역을 관통할 예정이라는 것이죠. 이것은 앞으로 개발될 용산 국제업무지구를 위한 노선이 아닐까 하는 생각입니다. 그리고 기존 11호선 계획을 그대로 부활시켜 개발한 구간도 있죠. 바로 강남을 관통하는 신사-양재 구간입니다. 양재 이후에는 우면으로 빠지면서 종점이 될 계획이었는데요. 결과적으로 기존 계획과 다르게 우면으로 향하지 않고 판교를 관통하여 분당, 수지까지 이어지게 되었습니다.

그래서 신분당선은 여러 지역을 돌고 돌아 서울로 들어가는 분당선과 8호선과 다르게 직선으로 쭉, 서울을 향하죠.

신분당선의 개발 목적은 기존 수인분당선과 서울 지하철 8호선의 단점을 개선하기 위함입니다. 수인분당선과 8호선은 분당과 서울을 이어주는 역할을 하였지만 각각 복정역을 우회하는 문제, 성남 구도심을 우회하는 문제로 신속성이 떨어졌습니다. 그래서 분당과 서울을 연결하는 주요 수단은 경부고속도로와 고속화도로를 경유하

IMF의 여파로 대부분 취소된 서울 3기 지하철 계획 (자료 - 서울시)

는 직행좌석버스와 자가용이고, 지하철은 차선책이 되어버렸는데요. 자가용 보급이 늘어나면서 이는 점점 만성적인 교통혼잡을 초래했고 결국 해결책이 필요했습니다. 2000년 국토부는 그 해결책으로 지하철 11호선이 부활한 모습인 신분당선을 제안합니다. 신분당선은 서울 지하철 9호선처럼 과거의 잘못을 피드백하여 깔끔한 설계를 하게 되는데요. 지하철 9호선이 3호선의 강남 우회를 비판하며 선형화했던 것처럼 수인분당선과 8호선의 단점을 교훈으로 삼았습니다.

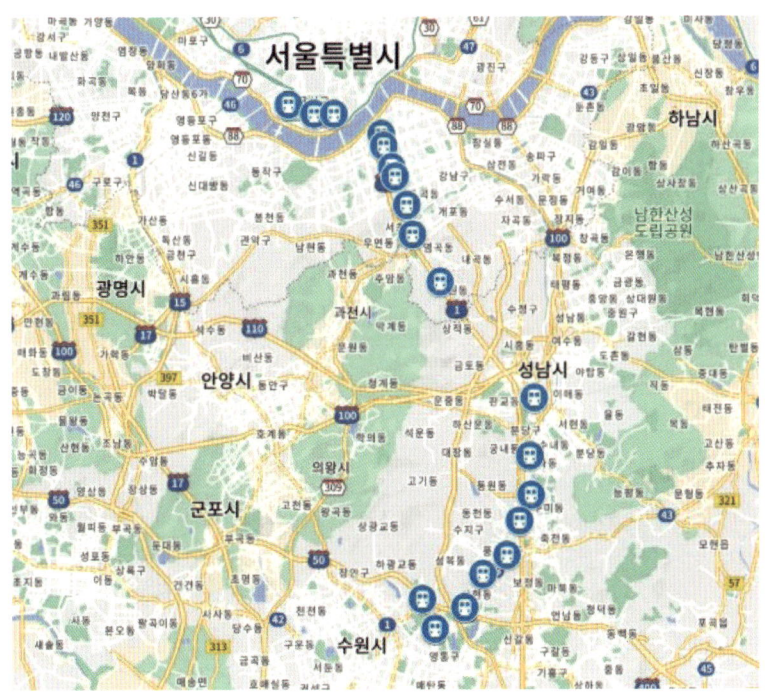

신분당선 노선 현황 및 역 위치 (자료 - 구글 맵)

사업성이 낮은 신월-오목교-신목동-가좌-독립문-서울역-녹사평-한남 구간 등 한강 이북 구간은 추후 사업으로 연기되었고 강남-우면으로 이어지는 구간을 살짝 변형하여 지금의 신분당선이 탄생합니다. 1차 개발로 강남-정자, 정자-광교 구간이 개통되었는데요. 강남-정자역 구간이 2005년 6월 착공하여, 2011년 10월 개통되었고, 정자-광교역 구간이 2010년 7월 착공, 2016년 1월 개통되었죠. 2차 개발로 강남-신사 구간이 개통되었고, 2016년 8월 착공, 2022년 5월 개통했습니다. 2차 개발 때 신분당선의 종점은 신사가 아니라 용산역이었어요. 하지만 용산 국제업무지구가 무산되며 신사역까지만 우선 개발되었죠. 잠시 멈췄던 용산역까지의 연장은 32년 준공을 목표로 다시 진행 중이에요. 3차 개발로 광교-호매실 구간이 2024년 1월 착공되었어요. 2기 신도시인 광교 신도시의 교통망은 신분당선의 연장으로 엄청난 호재를 받았는데요. 강남까지 환승 없이 30분 대로 진입 가능하면서 준공 10년 차 이하의 아파트가 있는 광교의 집값은 엄청난데요. 서울의 구축 아파트들 가격을 가볍게 제압해 버리는 수준입니다. 게다가 판교 집값은 웬만한 강남 집값에 버금갑니다. 판교의 집값이 강남 집값에 육박하는 이유에는 신분당선과 주거 환경의 차이가 있다고 생각되는데요. 판교는 신분당선이 없더라도 테크노밸리라는 고소득 직장군을 품은 아주 좋은 입지였습니다. 그런데 거기에 더해서 10분대 강남에 갈 수 있는 접근성까지 추가되면서 어지간한 강남 집값을 보이고 있는 것 같아요. 그리고 대형 평수 위주로 구성된 판교의 아파트와 쾌적하게 정비된 주변 인프라는 분명 다른 지역과 차별성을 보여주는 프리미엄 요소죠. 강남 주변 10분대 접근성을 보이는 아파트들은 대부분 재건축을 바라보는 노후 아파트이거나 너무 비싼 대장 아파트들이죠. 강남의 집값이 양극화 되어있어서 차선책으로 판교를 찾는 경우도 있겠네요.

서울 지하철 신분당선은 몇 점일까요? 판교가 신분당선의 효과를 제대로 받을 수 있었던 건 선형으로 설계된 노선과 충분한 거리가 확보된 역 간 거리 때문인데요. 강남을 통과하며 가까운 역 간 거리로 운행 시간이 늘어나지만 그렇게 큰 문제는 아닙니다. 강남까지 들어가는 구간이 더 길고 오랜 시간이 걸리기 때문인데요. 이미 거기에서 충분한 시간을 단축했기에 괜찮습니다. 하지만 신분당선은 광교 신도시까지 연장되는 과정에서 선형으로 설계된 노선의 장점을 상당 부분 잃었고 이는 호매실로 연장되는 과정에서도 적지 않은 단점으로 적용될 것으로 보여집니다. 그렇기 때문에 광교신도시 이후에 신분당선 연장 호재를 기다리는 지역이 판교에서도 신분당선이 최초로 등장했을 때만큼 광교에 불었던 호재를 기대한다면 그만큼 실망이 클 수도 있을 것 같습니다. 호매실에서 신분당선을 이용하여 강남에 얼마나 빠른 시간에 갈 수 있을지가 가장 중요할 것 같네요. 교통 호재의 가장 큰 기준은 결국 목적지까지 도착하는 시간이 얼마냐 단축되는지가 중요하기 때문이죠. 신분당선은 강남을 관통하는 노선이지만 4점입니다. 서울 지역에 있는 노선이 강남뿐이기 때문인데요. 서울보다 오히려 판교와 광교 등 경기도 지역에 더 큰 매리트를 주고 있다고 생각해요. 용산역까지 연장된 신분당선이라면 5점을 줘야겠죠?

5점	4점	3점	2점
2, 7, 9호선	5호선, 신안산선, 신분당선	1, 3, 4호선	6, 8호선

이렇게 서울 지하철 11개 노선을 알아보았습니다. 어떤 노선이 좋은 노선이며, 여기저기 업무지구에 접근하기 좋은 지역은 어디인지 아시겠나요? 지하철 노선도를 머릿속에 그리면서 서울에서 내 예산에 맞는 아파트를 찾는다면 당연히 좋은 성과가 따라올 것으로 생각합니다.

(3) 학군

학군은 학구열이 높은 우리나라에서 정말 중요하죠. 자녀가 있는 가정이라면 학군을 당연히 가장 중요한 요소로 볼 겁니다. 학군은 학교별 학업성취도를 비교·분석하면 되는데요. 학교 내 면학 분위기가 대학 진학에 큰 역할을 한다고 하는데 결국 학업성취도가 높은 학교가 면학 분위기도 좋지 않을까요? 면학 분위기는 곧 성적으로 나타나기에 학업성취도와 대학 진학률로 학교를 비교분석하면 좋습니다. 학교별 학업성취도는 '호갱노노', '아파트 투미'에서 볼 수 있습니다. '호갱노노'는 중학교까지의 학업성취도와 특목고, 자사고 진학 인원과 학업성취도를 백분율(%) 단위로 나타냅니다. '아파트 투미'는 중고등학교를 비롯해서 서울대, 의대 등 각종 대학 진학률도 확인 가능해요. 아파트의 위치별로 배정받는 학교가 다른 거 아시죠? 아파트 근처에 좋은 학교가 있더라도 그 학교에 배정받을 수 없다면 정말 아쉬울 겁니다. 내가 사려는 아파트는 어떤 학교에 배정받는지 알아보는 방법이 있는데요. 바로 '학구도안내 서비스'를 활용하면 됩니다. 이 사이트는 아파트를 검색하면 지도에 학교를 배정받게 되는 구역과 학교를 표시해 줘서 직관적으로 확인할 수 있죠. 어린 자녀가 있는 가족이라면 등하굣길 안전을 생각하며 '초품아(초등학교 품은 아파트)'를 찾게 되는데요. 아파트 단지 내 초등학교가 있어서 횡단보도를 건너지 않는 것이 가장 좋은 방법일 겁니다. 하지만 꼭 횡단보도를 아예 건너면 안 되는 것은 아니에요. 초등학교 바로 앞에 있는 횡단보도 하나만 건너면 된다면 그것도 괜찮습니다. 학교 앞 횡단보도에는 '녹색어머니회' 어머님들이 지켜주시기 때문이죠. 중학교부터는 좀 떨어진 학교라도 대중교통, 자전거 등을 이용해 혼자 통학이 가능하기에 걱정 없습니다.

학군은 학교뿐만 아니라 학원도 중요한데요. 학원가를 찾는 건 '아실'을 쓰면 좋습니다. 학원이 밀집한 지역을 파란색으로 표시해 주고 몇 개의 학원이 있는지 알려줘요. 서울의 대표 학원가는 강남 대치, 양천 목동, 노원 중계 등 총 세 곳인데요. 신기하게도 모두 주요 직장군인 강남, 여의도, 광화문과 가깝게 있습니다. 그리고 이렇게 주요 학원가가 있는 곳은 주거의 형태가 대부분 아파트인 곳인데요. 아파트가 다른 주거 형태보다 비싸다 보니 거주하는 사람들의 경제 수준도 높고 자연스럽게 학업에 대한 관심도 높아집니다. 자녀의 학업에 대한 관심이 높고 경제력이 뒷받침되기 때문에 사교육에도 아끼지 않게 되고 결국 아파트 단지 주변에 학원가가 많이 생기게 되는 것이고 결과적으로 아파트단지 주변 학교가 학업성취도도 높아지죠. 부동산에서 말하는 학군은 고등학교까지만 해당하는데요. 우리나라에서 학업이라 하면 궁극적인 목표가 결국 좋은 대학에 진학하는 것이기 때문입니다. 그래서 오히려 주변에 대학교가 있는 입지는 마이너스 요소가 될 수 있는데요. 왜냐하면 대학교 주변에는 보통 노래방, 술집 등 밤 문화를 즐기는 유흥 시설이 많이 생길 수밖에 없습니다. 그러나 이 시설들은 미성년 자녀들의 학업에 방해가 되는 요소이기 때문에 대학교 주변에 있는 아파트는 피해야 해요.

　강남, 서초, 송파에 위치한 최상급지 아파트들을 보면 3,000~5,000세대 구성된 대단지 내에 초, 중, 고등학교가 한 번에 있으면서 단지 내 상가 또는 아파트 길 건너 상권에 학원가까지 구성된 완벽한 학군지 아파트가 많이 있는데요. 이런 아파트의 가격을 보면 그 지역 대장이라는 것을 단번에 알 수 있습니다. 우리가 찾아야 하는 아파트가 바로 이런 모습을 하고 있어야 합니다. 그런데 가격까지 저렴해야 하니까 더 찾기 힘들죠. 가격이 저평가된 학군지는 노원이 대표적입니다. 아파트로 구성된 주거 환경이 밀집되어 있고 초, 중, 고등학교가 가까이 있으면서 학원가까지 구성되어 있으니 좋은 학군을 가진 지역입니다. 하지만 대부분 아파트가 준공 40년 차를 바라보는 구축 아파트이고 거주하는 주민의 경제력이 점차 양극화되어 재건축 추진도 어려워 보이는 것이 현실입니다. 노원에 있는 아파트의 세대 대부분은 10~20평대 소형이죠. 그렇기 때문에 25평형 이상 중대형 세대로 구성된 단지가 재건축 가능성도 더 높을 것 같습니다. 40년 이상 구축 아파트는 결국 재건축이 될 겁니다. 하지만 빠르게 추진되는 건 결국 입주민의 동의율이기 때문에 높은 동의율을 받을 수 있는 아파트를 고르는 게 중요한 것 같네요.

(4) 상권

우리가 흔히 즐겨 사용하는 매장들을 상상해 보세요. 스타벅스, 맥도날드, 다이소 등 우리가 즐겨 사용하는 매장들을 다른 사람들도 좋아하고 필요로 할 겁니다. 내가 임장하는 아파트 주변에 이렇게 생활의 편의를 높여주는 매장들이 있는지 확인하는 게 중요해요. 상권의 핵심은 백화점, 대형마트입니다. 백화점과 대형마트의 공통점은 유해상권이 없고 문화시설과 식당가를 포함하고 있다는 점이에요. 모든 가족구성원이 만족할 만한 요소들을 포함하면서 유해시설은 없는 대형마트, 백화점은 상권에서 프리미엄 요소로 볼 수 있습니다. 유해상권들은 주로 역 주변에 몰려있는데요. 동네마다 유해상권이 밀집한 역이 달라서 지역별 분석이 필요합니다. 그래서 내가 임장하는 동네는 어디 역에 유해상권이 밀집해 있는지를 조사해야죠. 앞서 학군에서 살펴보았지만, 대학교 주변은 오히려 피하는 게 좋아요. 대학교 주변에는 유해상권이 많을 수밖에 없습니다. 나이트, 클럽, 모텔 등 우리 자녀가 학원 갔다가 밤늦게 돌아오는 길에 유해상권을 지나야 한다면 최악이겠죠. 자녀가 다니는 동선에 이런 유해상권이 있다면 아파트에 엄청난 마이너스 요소로 적용하니 주의해야 합니다. 상권은 '호갱노노'를 사용하면 직관적으로 확인할 수 있는데요. 지도를 통해서 주변에 몇 개의 상권이 형성되어 있는지, 대형마트와 백화점은 얼마나 떨어져 있고 차량으로 몇 분이 소요되는지 알 수 있습니다. 신축 아파트 단지는 단지 내 상가가 대규모로 지어지면서 대부분의 생활편의시설을 이용할 수 있는 수준인데요. 아파트로만 구성된 지역에 신축 아파트 단지가 함께 있으면서 단지 내 상가 인프라를 공유할 수 있다면 대형마트와 백화점이 없더라도 좋은 입지의 아파트입니다. 다시 말하면 꼭 내 집이 신축일 필요는 없겠죠? 신축 아파트단지와 인프라를 공유하는 구축을 찾아보는 것도 하나의 방법입니다.

(5) 녹지

강원도에 사는 제게 녹지는 큰 프리미엄이 아니에요. 창밖을 보면 여기저기 어디에든 푸르른 녹지와 산이 펼쳐져 있기 때문이죠. 하지만 과밀개발된 도시인 서울에서는 말이 다릅니다. 서울에서는 산과

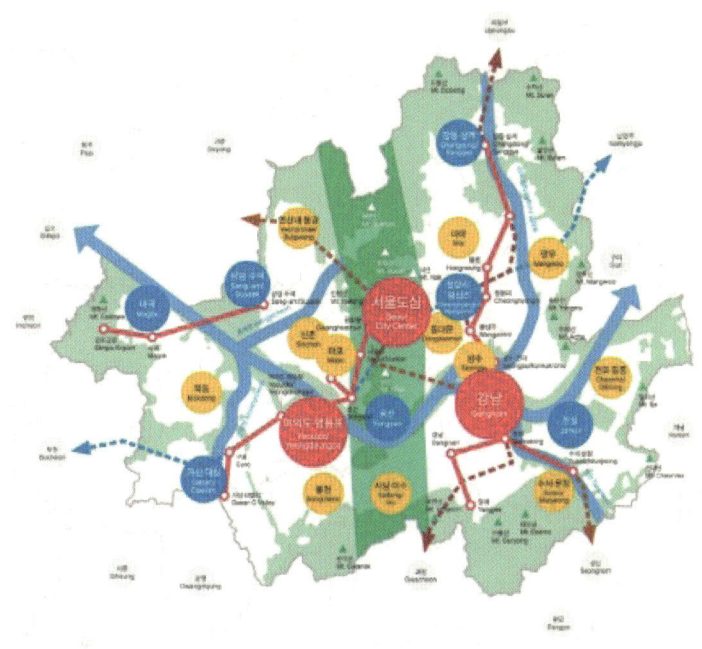

2040 서울도시기본계획에서 제시한 서울의 녹지축과 수변축

강, 녹색과 푸른색을 보기 힘든 환경이죠. 주변에 녹지가 부족하기 때문에 공원, 한강 등 강원도에선 흔한 환경이 서울에서는 엄청난 프리미엄이 될 수 있어요. 특히 서울의 최대 녹지 프리미엄은 한강이에요. 내 집에서 한강이 보이냐 안 보이냐에 따라서 수억 원의 가격 차이가 발생하기도 합니다. 위 사진은 2040서울도시기본계획에서 제시한 서울의 녹지축과 수변축입니다. 서울을 횡으로 이어주는 녹지축은 북한산 - 북악산 - 3궁(경복궁, 창덕궁, 덕수궁) - 남산 - 용산

공원 – 현충원 – 우면산 – 관악산으로 구성되어 있고 지도에 표시되지는 않았지만, 여의도공원, 용산공원, 서울숲, 북서울숲 등 대형 공원과 한강 변에 있는 한강공원, 그리고 홍제천, 중랑천, 탄천, 안양천 등 천변 수변공원도 주목해야 해요. 주변에 녹지가 많은 지방 아파트 말고 서울이나 수도권같이 도시화된 곳에서는 녹지가 프리미엄이 된다는 것을 기억하세요!

(6) 문화시설

현대사회 직장인들은 일과 삶을 병행하고 싶어 해요. '직장-집-직장-집'의 삶을 반복하는 게 아니라 직장에서 퇴근한 후에 자신의 취미, 여가생활을 즐기고 싶어 합니다. 문화생활은 이러한 현대사회 직장인들의 니즈를 채워주기 위해 필요하죠. 집 주변에 영화관, 공연장 등 관람 시설, 스포츠센터, 골프연습장, 헬스장 등 운동시설, 문화센터, 평생교육원 등 무언가 배우고 참여하는 여가활동을 영위할 수 있는 시설이 있어야 합니다. 문화시설은 개인마다 큰 편차가 있는 요소인 듯합니다. 내가 살고 싶은 아파트를 고르려는 목적보다는 모두가 좋아하는 아파트를 고르는 게 목적이다 보니 아파트가 위치한 급지와 가격별로 다른 프레임을 가져야 할 것 같아요. 독서를 예로 들면, 대한민국에서 1년에 책 한 권만 읽으면 상위 10%라고 하죠. 결론적으로 대한민국 전체 국민 중 책을 안 읽는 비중이 90%인 것입니다. 하지만 반대로 '책을 읽으면 모두 부자가 되는 건 아니지만 부자들은 모두 책을 읽는다'는 이야기도 있어요. 책을 좋아하는 사람들에게 내 집 근처 도서관의 존재는 정말 중요하겠지만 대부분은 그렇지 않을 수도 있는 것이죠. 그리고 요즘 신축되는 아파트를 보면 수천 세대의 대단지를 구성하면서 단지 내 커뮤니티 시설에 각종 문화시설이 함께 들어옵니다. 아파트 커뮤니티 시설은 단지 내 주민들에게만 제공되는 곳도 있지만 비용을 좀 지불하면 단지 외 사람들도 이용 가능하게 오픈해 둔 곳도 있습니다. 그래서 아파트 주변 환경뿐만 아니라 아파트 단지 내 커뮤니티 시설이 잘 구성되어 있는지 확인하는 것도 중요하죠. 상권과 마찬가지로 꼭 내 집이 신축일 필요는 없습니다. 주변에 단지 내 커뮤니티 시설을 공유할 수 있는 신축이 있다면, 주변 구축을 찾아보세요!

(7) 공공기관

시청, 구청, 행정복지센터, 국세청 등 행정과 세금을 다루는 기관이 가까이 있으면 좋습니다. 대부분의 민원 업무가 온라인으로 가능하다고 하지만 모두가 인터넷을 능숙하게 다루는 건 아니죠. 국립이나 시립도서관, 장난감도서관, 공동육아 나눔터, 박물관 등 자녀 육아와 교육에 관련된 시설도 물론 좋습니다. 양질의 교육자료와 장난감 등을 저렴한 금액 또는 무료로 즐길 수 있기 때문이죠. 경찰서나 소방서가 집 근처에 있다면 불의의 사고에도 빠른 서비스를 받을 수 있어 더욱 안전할 겁니다.

이렇게 입지 7요소에 대해 알아보았습니다. 입지 7요소를 활용해서 나의 예산에 맞는 아파트를 분석하여 리스트화한 뒤에 내가 살 아파트를 정하면 되는 건데요. 입지 7요소를 이해하는 것과 직접 아파트를 조사하는 것은 매우 다릅니다. 처음 아파트를 조사하는데 보통 2~3시간 정도 걸리더군요. 저와 함께 스터디를 하고 있는 회원님들은 총 10개의 아파트를 조사해 오시고 그중 하나를 선택하시게 되는데요. 이렇게 많은 시간을 들여 아파트를 조사하고 선택하는 과정을 거친다면 좋은 집을 고를 수밖에 없는 것 같습니다. 수억 원의 돈을 사용하는 거래를 하는 것이니까 후회 없는 선택을 위해서 내가 살 아파트 입지분석쯤은 스스로 할 수 있어야겠죠?

4장.
저는 아파트를
이렇게 골랐어요

22년 8월 가벼운 마음으로 넣었던 강원도 원주에 있는 아파트 청약에 당첨되어 청약통장을 포기한 뒤에 실수를 만회하고자 부동산 공부를 시작했는데요. 그땐 저도 제 예산으로 살 수 있는 수십 개 아파트 매물을 찾아보다가 최종적으로 세 곳의 아파트를 비교 분석하여 마지막 선택을 했습니다. 군인은 특성상 현장 임장에 충분한 시간을 투자할 수 없기에 온라인 임장 후 짧은 시간 현장 임장에 집중하는 방식으로 아파트를 비교·분석했는데요. 실제로 제가 입지 7요소를 활용해서 분석했던 과정을 그대로 가져왔습니다. 입지 7요소를 활용한 아파트 분석, 이렇게 하시면 돼요.

숙련된 교관의 입지분석 시범

아파트 입지를 분석하기 전에 먼저 나의 예산에 맞는 아파트를 뽑아내야 하죠. 나의 예산이란 내가 가진 현금과 대출 가능한 금액의 합이에요. 저는 부동산을 투자할 당시 약 1.5억 원의 현금과 5억 원의 대출을 이용할 수 있었어요. 그래서 5억 원의 대출을 최대로 이용하기 위해 6억 원 초반의 가격을 형성하고 있는 아파트 수십 개를 뽑아내었고 그중 세 아파트를 마지막까지 비교·분석했습니다. 서울 노

아파트	노원 미성미륭삼호 13평	호매실 호반베르디움 더센트럴 34평	검단 모아미래도 엘리트파크 33평
급지	서울 4급지	수도권 남부, 수원 호매실	수도권 서부, 인천 검단
준공연차	준공 37년 차	준공 6년 차	준공 1년 차
실거래가	최근 실거래가 없음	5억 원 후반	4억 원 초반
호가	6억 원 초반	6억 원 초반	4억 원 중반
KB시세	6억 4,000만 원	6억 3,000만 원	5억 원
나의 대출	5억 원	5억 원	4억 원
세입자 보증금	2천만 원	5천만 원	2천만 원
대출 원리금	230만 원	230만 원	180만 원
세입자 월세	100만 원	150만 원	120만 원
최종 투자금 예상	1억 2,000만 원	1억 원	3,000만 원

원구 미륭미성삼호, 수원 호매실 호반베르디움, 인천 검단 모아미래도엘리트파크입니다. 제가 마지막까지 비교·분석했던 아파트를 가지고 입지분석했던 과정을 보여드릴게요.

앞서 설명했던 다양한 도구들을 활용해서 위와 같은 표를 만들어야 해요. 준공년차, 실거래가, 호가, 전월세 시세와 같은 아파트 연차와 가격 정보들은 '호갱노노'와 '네이버부동산'을 통해 얻을 수 있어요. KB시세는 KB부동산에서 아파트 단지를 검색해서 동일 평형의 가격을 찾으면 되고 나의 대출한도와 원리금 납입액은 부동산 계산기에서 계산하면 됩니다.

각각의 아파트는 특징이 명확했어요. 노원의 미성·미륭·삼호는 다들 줄여서 '미미삼'이라고 부르는데요. 미미삼은 서울 4급지에 있는 아파트인데 광운대 역세권 개발사업을 하는 바로 옆에 있어서 신축 대단지의 입지를 공유할 것이 확실했습니다. 그리고 준공 37년 차 구축이기에 재건축을 추진할 수도 있어서 소액으로 서울에 신축 아파트를 확보할 수 있는 좋은 매물이라고 생각했어요. 호매실 호반베르디움더센트럴은 준공 6년 차의 준신축 아파트였는데, 수원 서쪽에 지구 사업으로 개발되어서 깨끗한 주변 환경이 조성되어 있었고 입주 10년 차를 바라보면서 주변 인프라도 자리를 잡는 모습이었습니다. 준신축 매물이라 큰 수리도 필요 없었고 아직 지하철은 없었지만 광역버스를 이용하면 1시간 이내로 강남에 출퇴근 가능한 좋은 위치에 있었죠. 마지막으로 인천 검단신도시에 있는 모아미래도엘리트파크는 22년부터 입주를 하고 있던 신축 아파트였는데요. 검단 신도시는 총 3단계로 개발을 하고 있었고 이 아파트는 2단계에 개발된 아파트여서 일찍 입주를 하는 편이었죠. 그렇다 보니 아직 공사 중인 단지들도 많이 보였고 인프라도 자리를 못 잡은 상태였습니다. 주변이 아직 개발 중이라 어수선한 분위기도 있었어요. 그러나 아직 3단계 단지들의 입주가 남아있었는데 그렇다 보니 이 아파트는 가격적으로 메리트가 있었고 구매하자마자 시세차익을 볼 수 있는 아파트라고 생각했어요. 이렇게 전체적인 그림을 본 뒤 투자금을 계산하면 됩니다.

주담대는 아파트 매매가가 아니라 KB시세를 기준으로 나오게 되는데 당시는 전국의 아파트가 하락하는 시기였기 때문에 레버리지를 극대화할 수 있는 좋은 타이밍이었어요. 그럼에도 불구하고 미미삼은 세 아파트 중 가장 상급지에 있던 매물인 만큼 투자금이 많이 필요했어요. 평수가 작고 구축이다 보니 월세가 낮아서 매달 납부해야 하는 원리금의 액수도 상당히 부담되었죠. 투자금을 계산해 보니 1억 5,000만 원의 예산을 모두 사용해야 했고 세입자의 월세를 받더라도 원리금은 130만 원으로 아파트를 투자한 이후에 다른 자산을 모으는 것도 거의 불가능했습니다. 호매실은 수도권에 위치한 아파트라서 미미삼보다 급지는 떨어졌지만 준공 6년 차의 준신축이고 평수도 34평으로 넉넉했어요. 미미삼과 초기 투자금은 비슷하게 필요했지만, 넓은 평수에 좋은 주거 환경으로 월세를 높게 받을 수 있어

최종 투자금과 원리금 모두 많이 줄일 수 있었고 최종 투자금은 1억 원, 원리금은 80만 원 수준으로 줄일 수 있었죠. 검단은 세 아파트 중에서도 가장 큰 레버리지를 사용할 수 있었는데요. 다른 아파트들은 KB시세와 실거래가의 차이가 수천만 원 정도였지만 검단 아파트는 무려 1억 원이 나던 차였어요. 기준가격이 5억 원인데 아파트 가격은 아직 4억 원 초반에 형성되어 있어서 90% 이상을 대출받을 수 있었죠.

이렇게 예산에 맞는 아파트들을 뽑아낸 뒤에는 입지 7요소를 활용해서 세부적인 분석을 하면 됩니다. 입지 7요소 중 살아가는 데 필수적인 요소들인 인프라 요소 4개, 즉 직장과 교통, 학군과 상권을 먼저 분석하고, 이어서 프리미엄 요소인 녹지, 문화생활, 공공기관을 해볼게요.

입지분석 시범 (1) 직장과 교통

이 사진, 기억나시죠? 입지분석 7요소 가운데 직장 편에서 보았던 2040 서울도시기본계획의 직장군 사진인데요. 내가 사려는 아파트가 어떤 직장과 가까이 위치해 있는지 알아보는 단계에요. 입지 7요소 중 직장과 교통을 함께 알아보면 됩니다. 대중교통을 기준으로 집에서 직장까지 '도어 투 도어(Door to Door)' 시간을 분석하는 거죠. 서울의 3도심과 7광역중심에 얼마나 빨리 갈 수 있는지 조사하세요. 너무 많은 직장을 조사할 필요는 없고 아파트에서 가장 가까운 직장

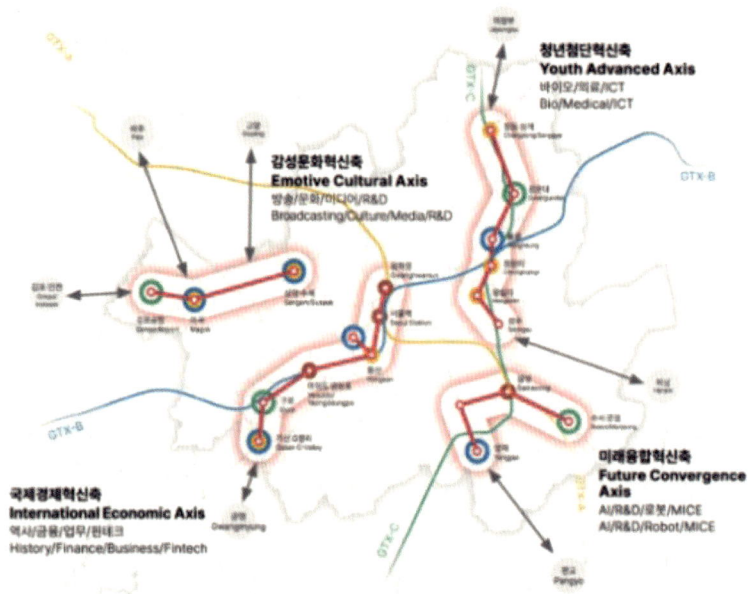

2040 서울도시기본계획에서 제시한 산업-경제축

5개 정도만 분석해도 충분합니다. 직장까지 이동시간을 계산할 때는 '호갱노노'와 '네이버 지도', '카카오 지도' 등 지도 어플을 활용하세요. 호갱노노에서는 아파트에서 주요 직장군까지 가는 시간을 쉽게 볼 수 있지만 '도어 투 도어' 시간은 지도 어플을 확인해야 합니다. 내가 조사하는 아파트에서 주요 직장군에 도달하는 역까지 대중교통을 활용한 이동시간을 확인한 뒤 직장까지 걸어가는 시간 5~10분 정도를 더해서 '도어 투 도어' 시간을 예측할 수 있어요.

노원 미륭미성삼호

호매실 호반베르디움더센트럴

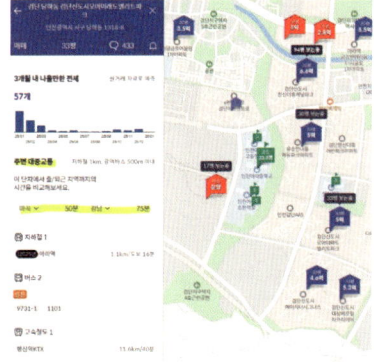

검단 모아미래도엘리트파크

2부 내 집 마련 이렇게 하세요

	노원 미륭미성삼호	호매실 호반베르디움더센트럴	검단 모아미래도엘리트파크
지역	서울 4급지	수도권 남부, 수원 호매실	수도권 서부, 인천 검단
준공연차	준공 37년 차	준공 6년 차	준공 1년 차
직장 3도심 7광역중심	청량리 20분 도심 35분 용산 40분 강남 40분 잠실 40분	판교 50분 강남 60분 여의도 65분 용산 70분 도심 75분	마곡 50분 디지털미디어시티 55분 여의도 60분 도심 65분 강남 75분

위 표처럼 현재 이용 가능한 교통망을 가지고 조사를 다 했다면 미래에 개발될 교통망으로도 예측을 해보는 겁니다. 미래 교통 호재를 선반영해서 시간이 얼마나 단축되는지 확인하는 과정이죠. 미래의 교통 호재는 '아실'과 교통망 이름을 검색해서 최신 기사를 확인하면 됩니다. '아실'에는 교통망을 호재 4단계로 표현해 주는데요. 계획-심의-착공-준공으로 나누어 표현해 주기 때문에 실제로 이용 가능한 시기가 언제일지 예측 가능합니다. 그리고 아직 공사 중인 교통망의 시간 단축 효과가 궁금하다면 '광운대 GTX-C 삼성', '호매실 신분당선 강남역'과 같이 검색하여 기사를 찾아보면 됩니다.

	노원 미륭미성삼호	호매실 호반베르디움더센트럴	검단 모아미래도엘리트파크
지역	서울 4급지	수도권 남부, 수원 호매실	수도권 서부, 인천 검단
준공연차	준공 37년 차	준공 6년 차	준공 1년 차
교통호재	2028년 준공예정 GTX-C 광운대 - 청량리 3분, GTX-C 광운대 - 삼성 9분	2028년 준공예정 GTX-C 수원 - 삼성 27분, 2029년 준공예정 신분당선 강남 45분	2025년 준공예정 인천 1호선 서울역 45분

미미삼은 서울에 위치한 덕분에 이미 잘 구성된 교통망을 이용해서 빠르게 주요 직장군까지 이동이 가능했어요. 3도심과 주요 광역 중심에 40분 이내 이동이 가능했죠. 게다가 28년 준공 예정인 GTX-C를 이용하면 10분 이내 강남까지도 이동이 가능한 좋은 입지입니다. 호매실은 수도권 남부에 있다 보니 강남은 빠르게 이동 가능했지만 다른 직장까지는 오히려 더 오랜 시간이 걸렸어요. 하지만 수도권 준신축임에도 불구하고 1시간 이내로 강남 출퇴근이 가능한 것은 엄청난 메리트로 보여집니다. 그리고 신분당선과 GTX-C가 공사 중이었는데요. 이 교통망이 완성되면 강남 이동시간이 40분 대로 단축되었습니다. 마지막으로 검단 아파트는 3도심 직장군까지 가는 데는 한 시간가량 소요되었지만 마곡, 디지털미디어시티 등 최근

에 많은 발전이 보이는 직장군까지는 오히려 50분 만에 이동 가능했어요. 특별한 교통 호재는 없었지만 인천이라 서울과 물리적 거리가 가까운 점이 큰 장점이었죠.

입지분석 시범 (2) 학군과 상권

학군은 '호갱노노', '학구도안내 서비스', '아파트 투미'를 이용하면 됩니다. 호갱노노에서는 학군과 상권에 대한 확인이 가능한데요. 학군은 초, 중, 고등학교에 대한 정보가 확인 가능합니다. 초등학교 란에서는 선택한 아파트가 어떤 초등학교에 배정되는지 알려주고 초등학교의 위치, 거리를 지도에 표시해 줍니다. 중학교는 위치, 거리와 함께 학업성취도를 학교군별 백분율로 알려줍니다. 그리고 중학교별 특목고, 자사고 진학한 학생 수도 알려주는데요. 대신 고등학교는 다른 정보 없이 학교별 학생 수만 알려줘서 정보가 미흡합니다. 그래서 중학교별 특목고, 자사고 진학률과 고등학교의 서울대 진학률, 의대·치대·한의대·약대·수의대 진학률을 보려면 '아파트 투미'를 이용하면 되는데요. 자신의 아파트가 위치한 주소를 입력하면 자동으로 학교군이 설정되어 정보들을 볼 수 있습니다.

상권은 '호갱노노'를 보면 됩니다. 지도위에 상권의 규모를 직관적으로 표현해 주는데요. 상권이 얼마나 밀집해 있는지를 기준으로 초대형, 대형, 중형으로 표현합니다. 그리고 주변에 있는 병원, 약국, 대형마트, 백화점과 같은 주요 시설까지의 직선거리와 자가용을 이용했을 때 걸리는 시간을 알려줘요. 그리고 반경 1km 이내 있는 상가의 대분류 업종 TOP3와 중분류 업종 TOP3를 구분해 주고 편의점, 스타벅스, 학원 등 생활에 실질적인 편의를 제공해 주는 주요 생활시설 개수를 알려줍니다.

이렇게 학군과 상권은 1인 세대, 자녀가 없는 딩크, 자녀가 있는 가족구성원까지 어떤 세대로 구성되어 있든 그 유형을 떠나 우리 삶에 꼭 필요한 자녀의 교육과 실생활 편의를 제공하는 인프라 요소입니다. 학교 가고 학원 다니는데 차 타고 30분씩 이동해야 하고 마트 한 번 가려면 왕복 두 시간이 걸린다면 삶이 너무 불편하고 만족도도

	노원 미륭미성삼호	호매실 호반베르디움더센트럴	검단 모아미래도엘리트파크
지역	서울 4급지	수도권 남부, 수원 호매실	수도권 서부, 인천 검단
준공연차	준공 37년 차	준공 6년 차	준공 1년 차

학군	- 초품아
	- 중학교, 북부4학교군
	  서울 상위 25% 1개
	  서울 상위 50% 1개
	  그 외 3개
	- 고등학교, 북부학교군
	  서울대 6명,
	  의·치·한·약·수 70명
	- 중계 은행사거리 학원가
		- 초등학교 앞 횡단보도 1개
		- 중학교, 호매실중학군
		  수원 상위 50% 2개
		  그 외 2개
		- 고등학교, 수원1구역군
		  서울대 없음
		  의·치·한·약·수 없음
		- 호매실 칠보마을 학원가
			- 초품아
			- 중학교, 인천 4학교군
			  인천 상위 25% 6개
			  인천 상위 50% 6개
			  그 외 18개
			- 고등학교, 인천 6학교군
			  서울대 없음
			  의·치·한·약·수 없음
			- 검단 구도심 학원가

떨어질 것 같아요. 그렇기 때문에 학군과 상권은 직장처럼 당연히 가까이 위치하는 게 좋습니다. 그렇다면 세 아파트의 학군과 상권은 어떻게 구성되어 있었을지 함께 알아보시죠.

이렇게 호갱노노, 학구도안내 서비스, 아파트 투미와 같은 툴을 이용해 찾은 정보들을 종합해서 분석을 하면 되는데요. 초등학교는 분석은 딱 두 가지 사항만 생각하면 됩니다. 아이들은 가장 가까운 초등학교로 자동 배정되기 때문이에요.

1. '초품아'인지 아닌지
2. 통학할 때 길을 건너야 하는지, 그 횡단보도는 학교 앞 녹색어머니회가 지켜주는 곳인지

이 두 가지 정도만 확인하면 됩니다. 미미삼과 검단 아파트는 '초품아'라서 횡단보도를 안 건너도 됐어요. 하지만 호매실 아파트는 횡단보도 1개를 건너야 했지만 초등학교 앞이라 괜찮아 보였습니다.

하지만 중학교부터는 지역별 진학시스템을 알아야 하고 그에 따라 학교군에 포함된 학교들이 학업성취도가 어떻게 분포되는지 확인하는 게 중요합니다. 호갱노노를 활용하면 학교별 특목고와 자사고 진학률이 나오는데요. 상위 0~25%, 25~50%, 그 외로 구분하여 나타내줘서 중학교의 학업성취도가 어떻게 분포하는가를 직관적으로 알 수 있죠. 그 다음엔 진학시스템을 알아야 합니다. 서울은 학교군 내 모든 학교를 대상으로 추첨을 하는데 인천과 경기는 자신이 진학하길 원하는 학교를 지망한 뒤 추첨하는 방식으로 진학을 하더라고요. 그래서 서울은 학군에 속해 있는 모든 학교의 학업성취도가 상향평준화되어 있는 것이 중요했죠. 경기와 인천은 가고 싶은 학교를 3~4개 지망한 뒤 추첨하기에 상위 학교의 개수가 중요했습니다. 이렇게 지역별로 진학시스템이 다르기 때문이죠. 미미삼의 중학교 학업성취도는 서울에서 좋은 편은 아니었습니다. 1분위 1개, 2분위 1개, 3~4분위 학교가 3개 있었어요. 호매실은 2분위 2개, 3~4분위 2개였고 검단은 1분위 6개, 2분위 6개, 3~4분위 18개였습니다. 비율로 보면 세 아파트가 모두 비슷했죠. 그러나 역시 서울은 서울이었습니다.

앞에서 비교했던 중학교 진학률은 지역별로 4분위를 나눈 것이라 미미삼은 서울, 호매실은 수원, 검단은 인천 내 진학률을 의미했어요. 그렇다 보니 데이터가 지역별로 절대적인 차이를 비교하기 힘들었습니다. 그런데 각 아파트의 고등학교별 대학 진학률을 보니 절대적인 수치로 비교가 가능해졌고 결과는 충격적이었어요. 미미삼에서는 서울대 6명 그리고 의·치·한·약·수에 70명을 진학시키는 등 꽤나 많은 학생을 좋은 대학교에 진학시켰지만, 호매실, 검단 아파트는 한 명도 보내지 못했죠. 서울과 수도권의 공교육 레벨 차이를 단번에 알 수 있었습니다.

학군을 알아볼 때는 공교육인 초·중·고등학교뿐만 아니라 사교육인 학원의 양과 질도 중요한데요. 세 아파트 중 학원가가 가장 잘 구성된 것은 역시 서울에 있는 미미삼이었어요. 미미삼은 서울 3대 학원가인 중계 은행사거리를 이용할 수 있었는데 280여 개 학원이 밀집되어 있었고 강북, 도봉 일대 학생들도 수업을 들으러 올 만큼 유명했으며 서울대와 의·치·한·약·수 진학이라는 성과도 있었습니다. 호매실과 검단도 30여 개 학원이 모여있는 학원가가 근처에 있긴 했지만, 그 규모가 작았고 성과를 찾기는 힘들었죠. 그래서 노원의 급지가 4급지로 떨어진다고 하더라도 확실히 좋은 학군을 가졌다는 것을 다시 한번 느꼈습니다.

	노원 미룡미성삼호	호매실 호반베르디움더센트럴	검단 모아미래도엘리트파크
지역	서울 4급지	수도권 남부, 수원 호매실	수도권 서부, 인천 검단
준공연차	준공 37년 차	준공 6년 차	준공 1년 차
상권	- 마트 6개 - 편의점 36개 - 학원 29개 - 병원 104개 - 약국 40개 - 스타벅스 5개	- 마트 4개 - 편의점 15개 - 학원 93개 - 병원 79개 - 약국 22개 - 스타벅스 1개	- 마트 0개 - 편의점 8개 - 학원 13개 - 병원 13개 - 약국 3개 - 스타벅스 0개

상권도 역시 서울이었습니다. 미미삼, 호매실, 검단 순으로 큰 규모의 상권이 구성되어 있었죠. 미미삼에는 반경 1km 내에 무려 6개의 마트가 있었고 호매실에도 4개가 있었는데요. 신도시로 개발되어 아직 개발이 완료되지 않은 검단에는 마트가 없었습니다. 편의점도 각각 36개, 15개, 8개로 서울에 있는 미미삼이 가장 많았죠. 의외로 학원은 호매실이 가장 많았는데요. 중심 상권을 인접해서 그런지 가장 많은 93개의 학원을 보유하고 있었죠. 이는 미미삼의 29개와 검단의 13개보다 압도적인 수치였습니다. 커피 좋아하는 사람들에게 스타벅스는 빠질 수 없는 카페인데요. 미미삼에는 무려 5개, 호매실에는 1개의 스타벅스가 있었지만 검단에는 아직 없었습니다. 이렇게 상권도 분석해 보니 검단은 아직 신도시로서 개발이 진행 중이라 정확한 비교는 어려웠지만 그럼에도 역시 서울이 가장 밀집한 상권을 가졌다는 것을 알 수 있었습니다. 지구단위 계획으로 개발된 호매실은 개발 이후 10년 정도의 시간이 지나가면서 어느 정도 자리를 잡는 모습을 보였지만 아직 개발 중인 신도시인 검단은 현재보단 미래의 모습이 기대되는 상황이었죠. 이번에 비교·분석한 상권은 특히 지역별 장단점이 확실하게 비교되는 요소였어요.

입지분석 시범 (3) 녹지, 문화시설, 공공기관

녹지, 문화시설, 공공기관 정보는 호갱노노에도 제한적으로 알 수 있지만 '공유누리'의 공유지도 기능을 활용하면 직관적으로 알 수 있어요. 주소를 입력하고 검색 필터를 대분류에 문화숙박, 중분류를 문화시설로 설정하고 소분류에서 공연장, 공원광장, 문화운동교실, 도서관, 전시실, 주민편의시설 등 다양한 요소로 설정하면서 녹지와 문화시설을 찾으면 됩니다. 공유누리는 상대적으로 가격이 저렴한 공공기관에서 운영하는 문화시설을 알려주는데요. 지역별로 공공 문화시설이 없다면 각종 지도 어플을 이용해서 주변 문화시설을 찾아보면 됩니다. 이어서 공공기관은 시청, 구청, 행정복지센터, 법원, 세무서 등 국가나 관을 상대로 하는 행정업무의 편의를 높여주는 시설들을 말해요. 대부분의 업무가 온라인으로 처리 가능하다고 하지만 꼭 현장에 방문해야 하는 경우도 있는데요. 이때 공공기관이 집에서 가까우면 좋겠죠? 이렇게 민원 등 행정업무를 담당하는 기관뿐만 아니라 경찰서, 소방서 등 유사시에 꼭 필요한 기관들도 곁에 있으면 빠른 대응이 가능하기 때문에 좋아요. 그래서 녹지, 문화시설, 공공기관은 우리가 살아가는 데 꼭 필요한 요소들은 아니지만 있으면 나쁘지 않은 프리미엄 요소죠. 그렇다면 세 아파트의 프리미엄 요소는 어땠을까요? 비교·분석해 보러 가시죠.

녹지는 도시화된 도심에선 엄청난 프리미엄입니다. 아파트 주변에 공원, 천, 산 등 삶에 여유를 주는 공간의 존재가 중요한데 도시에선 그런 공간을 찾기 힘들기 때문이죠. 그래서 특히 서울에서의 녹지는 매우 중요한데요. 미미삼은 중랑천 바로 옆에 있어서 수변공원을 이용하기 좋았고 도보권으로 이용 가능한 등산로와 공원이 있어서

	노원 미륭미성삼호	호매실 호반베르디움더센트럴	검단 모아미래도엘리트파크
지역	서울 4급지	수도권 남부, 수원 호매실	수도권 서부, 인천 검단
준공연차	준공 37년 차	준공 6년 차	준공 1년 차
문화시설	- 북서울 미술관 - 장위공동육아방 - 장위 행복누림 도서관 - 이마트문화센터 - 성북레포츠타운 - 강북 문화예술회관 대공연장	-한국회화작가진흥원 - 수원시 공동육아나눔터 - 호매실동 새마을문고 - 홈플러스 문화센터 - 서수원 칠보 체육관 - 에이블 아트센터	- 찾아가는 작은 미술관 - 인천 서구 공동육아나눔터 - 북적북적 작은도서관 - 한국문화센터 인천서구지부 - 원당 문화체육센터 - 김포 아트홀
공공기관	- 서울시청 - 노원구청 - 월계3동 주민센터 - 서울 북부지방법원 - 노원 세무서	- 수원시청 - 권선구청 - 호매실동 행정복지센터 - 수원지방법원 (광교) - 수원 세무서	- 인천시청 - 서구청(청라) - 당하동 행정복지센터 - 인천지방법원, 부천지원, 김포시법원(김포) - 서인천 세무서(청라)

삶의 여유를 가지기 좋을 것 같았죠. 호매실과 검단도 계획도시로 개발된 지역인만큼 적절한 녹지가 구성되어 있었는데요. 수변공원과 산책로도 잘 조성되어 있었습니다.

문화시설과 공공기관도 역시 서울이었어요. 고밀개발된 도시인만큼 근거리에 많은 문화시설과 공공기관이 위치했죠. 미미삼은 다양한 문화시설이 도보권에 있어서 차량을 이용하지 않고 이용이 가능했어요. 반면 호매실과 검단은 다른 동네까지 차를 타고 가야 하는 경우가 많았죠. 그건 공공기관들도 마찬가지였는데요. 호매실은 가장 가까운 지방법원이 광교에 있었고, 검단도 역시 아직 개발 중인 신도시라 대부분의 공공기관이 구도심이나 청라에 있었어요.

입지분석 시범 끝, 온라인 임장을 마치며

저는 실제로 이런 입지분석 과정을 거쳤고 최종적으로 검단 아파트를 선택했습니다. 모든 입지 요소에서 서울 노원구에 있는 미성미륭삼호가 압도적이었지만 구축이라 인테리어도 해야 했고 유지관리비도 많이 들 것이라 예상했어요. 그리고 재건축이 진행되면 추가 분담금에 대한 돈을 마련해야 하는데, 이미 미미삼을 사는 데에 돈을 모두 써버려야 했던 제 상황을 생각하면 여간 부담스러운 게 아니었죠. 결국 호매실과 검단 중에 정하게 되었는데요. 호매실은 경기 남부에 위치해서 강남에 진출하기 좋은 입지였어요. 하지만 최종적으로는 검단을 선택하게 되었는데요. 제가 검단을 계약할 당시엔 아직 돌도 안 된 아기가 있었고 이후에 둘째 자녀 계획도 갖고 있었기 때문에 허리띠를 졸라매는 극단적인 자금 운용은 피하고 싶었기 때문이에요. 그리고 검단은 서울의 서쪽에 있어 강남까지 가는 교통편은 불편했지만 반면에 앞으로 7광역중심 가운데 하나로 고소득 직장군이 많이 생길 마곡과 공항철도를 이용해 국제업무지구 개발로 천지개

	노원 미륭미성삼호	호매실 호반베르디움더센트럴	검단 모아미래도엘리트파크
지역	서울 4급지	수도권 남부, 수원 호매실	수도권 서부, 인천 검단
준공연차	준공 37년 차	준공 6년 차	준공 1년 차
최종 투자금 / 월 상환액	1억 2,000만 원 / 130만 원	1억 원 / 80만 원	3,000만 원 / 60만 원

벽할 용산에 편하게 갈 수 있다는 장점이 있죠. 자금 운용도 가장 무난해서 특별히 부담이 없었고 검단의 현재의 모습보다는 미래의 모습을 상상하며 최종 선택하게 되었어요. 레버리지를 최대로 이용하면서 최대한 적게 갚으라고 하는 이야기 다들 들어보셨죠? 여기서 레버리지를 최대로 이용하라는 말은 내가 원리금을 상환하는데 어떤 일이 있어도 부담이 없어야 한다는 것을 전제로 하고 있는데요. 제 상황에서는 검단이 가장 매력적이었고 검단 아파트를 사고자 결심하게 됩니다.

이렇게 7가지 입지 요소에 대해서 다양한 데이터를 이용해 수치화하고 비교·분석을 하는 이유는 현장 임장을 가지 않고 온라인 임장만으로 아파트를 사기 위함이 아닙니다. 반대로 현장 임장을 더 알차게 하기 위한 준비죠. 군인은 작전지역 밖으로 이동하기 위해서는 꼭 휴가를 내야 합니다. 그래서 서울, 수도권이 아닌 지방이나 최전방에 근무하는 군인이라면 현장 임장을 하기가 어려워요. 그렇기 때문에 온라인 임장으로 충분한 비교를 한 뒤 현장 임장을 통해서 더 많은 인사이트를 얻으려 노력해야 합니다. 아는 만큼 보인다고 하죠. 이렇게 충분한 온라인 임장 후에 현장 임장을 나간다면 더 많은 것들이 눈에 보이기 때문에 현장에서 긴 시간을 투자하지 않아도 많은 인사이트를 얻을 수 있을 거라고 생각합니다. 온라인 임장만으로 아파트를 살 수 있다고 생각하면 큰 오산이에요. 현장 임장은 선택이 아닌 필수입니다. 꼭 현장을 방문해서 온라인 임장에서는 알 수 없었던 요소들을 보고 느낀 후에 최종 선택을 하셨으면 좋겠습니다.

그리고 현장 임장에서 뺄 수 없는 건 흔히 부동산, 복덕방이라고 불리는 중개소 방문이죠. 사실상 현장 임장은 공인중개사를 만나서 상담하러 가는 게 반이라고 생각하면 되는데요. 공인중개사님과 어떤 대화를 나눠야 하는지, 아파트를 사는 사람 입장에서는 어떤 식으로 접근하는 게 좋은지 다음 장에서 꿀팁들을 알려드릴게요.

5장.
저는 아파트를
이렇게 샀어요

아파트를 사는 방법은 다양하지요. 청약, 분양권매매, 일반매매, 경매, 공매 등이 있습니다. 이 중에서 제가 아파트를 산 방법은 실제 거래량에서도 가장 많은 비중을 차지하는 일반매매인데요. 매매는 거래에서 가장 많은 비중을 차지하는 만큼 아파트를 사는 방법 중 가장 쉽고 보편화 되어있기 때문에 돈만 있으면 바로 살 수 있다는 특징이 있죠. 그래서 입지분석도 끝나고 자금운용도 문제가 없음을 확인한 저는 가장 빨리 아파트를 살 수 있는 일반매매로 결정했던 겁니다. 그렇다면 일반매매는 어떤 순서로 진행이 되는지 단계별 중요한 건 뭔지 제가 실제로 아파트를 사기 위해 거쳤던 과정을 소개할게요.

매물 고르기

검단 아파트를 사는 것으로 결정했지만 아직 몇 동 몇 호를 살지는 고르지 못했는데요. 매물 고르기 단계에서 몇 동 몇 호 아파트를 살지 정하게 됩니다. 아파트에도 단지별로 로얄동, 로얄층이 있는 거 알고 계세요? 로얄동은 소음과 먼지에 취약한 대로에서 떨어져 있으면서 다른 동과 인접 단지에 있는 건물들로 일조량에 영향을 받지 않고 단지 내 상가, 주차장, 단지 입구 등에 대한 접근성이 좋은 동을 말해요. 로얄층은 고층을 말합니다. 고층일수록 소음에서도 멀어지고 일조량에도 영향을 덜 받기 때문이에요. 거기다가 고층에서 바라보는 뷰까지 있다면 로얄동, 로얄층의 프리미엄을 갖는 것이죠.

매물을 고를 때는 네이버 부동산을 이용하면 좋아요. 우리나라 부동산 매물이 가장 많이 올라와 있는 플랫폼이기 때문인데요. 그리고 '동일매물 묶기'라는 기능을 꼭 사용해야 합니다. 아파트를 팔 때는 많은 중개사님들에게 노출시키기 위해 여러 부동산중개소에 매물을 올리는 경우가 있는데요. 동일매물 묶기를 체크해 두면 여러 중개소에 올라와 있는 매물을 하나로 묶어줍니다. '이렇게 여러 중개사님께 팔아달라고 부탁한 주인은 어떤 생각일까?'라고 생각해 볼 필요가 있는데요. 그렇지 않을 수도 있겠지만, 빨리 팔고 싶은 사람일 확률이 높습니다. 물건을 빨리 팔려면 가능한 많은 사람에게 내 물건을 홍보해야 하기 때문이죠. 그래서 많은 중개사가 다루는 매물은 상대적으로 가격 조정을 하기 쉽습니다. 그렇기 때문에 아파트는 살 때는 동일매물 수가 많으면 많을수록 유리한 거죠. 가능한 이러한 매물들을 찾아보세요. 그리고 매물 필터링 기능도 있는데요. 내가 사고 싶은 평형과 동은 필터링할 수 있는데, 층수는 따로 필터 기능이 없어서 올라와 있는 매물 중에서 골라야 합니다. 아파트의 총 층수를 기준으로 저, 중, 고층으로 구분하는데. 조금 비싸더라도 고층을 찾아보는 게 좋아요. 저층은 가격이 저렴한 만큼 상승폭도 작기 때문이죠. 혹시 '나는 1층이 좋던데. 아이들도 마음껏 뛰어놀아도 되고!'라고 생각하신 분 없으시죠? 우리는 내가 살 집을 사려고 하는 게 아니죠. 이렇게 생각하는 이유는 거주와 투자를 분리하지 못해서 그래요. 내가 살 집이 아니라 누구나 살고 싶어 하는 집을 생각해야 합니다. 1층을 좋아하는 일부 마니아도 있지만 1층과 같은 저층은 대부분이 싫어해요.

이렇게 매물 확인이 끝났다면 이제 현장 임장을 갈 차례입니다. 현장 임장과 겸해서 해당 매물을 취급하시는 중개사님과 상담도 하고 오면 좋죠. 하지만 어떤 단지에 관심이 있는지, 어떤 아파트를 사려고 하는지와 같은 의도는 숨기는 게 좋아요. '그 지역에 이사를 가야 해서 매매 및 전월세 가격도 알아보고 단지별 주변 환경 등의 장단점을 알고 싶다' 정도로 접근해서 중개사님들의 브리핑을 받아보는 것이 좋아요. 그런데 중개사무소마다 쉬는 날이 다르기 때문에 사전에 연락을 해서 약속 시간을 잡는 게 좋습니다. 아무 연락 없이 가고 싶다면 최대한 평일에 가는 것이 좋아요. 주말에 연락도 없이 현장을 방문한다면 닫혀있는 중개사무소를 보고 실망할 확률이 높기 때문이죠.

임장

부대 일정에 맞게 휴가 명령을 내고 현장 임장을 계획하세요. 일정이 변경된다면 사전에 약속했던 중개사님들께도 연락을 드려야겠죠? 대중교통을 타고 가는 것이 좋으나 주변에 주차할 수 있는 공간이 있으면 자가용을 이용하는 게 편하죠. 특히 서울에 임장할 때면 무료 주차가 가능한 곳을 찾거나 점심식사를 하면서 무료 주차권을 받을 수 있는 곳에 주차할 수 있는 루트를 사전에 계획하는 게 좋아요.

두근두근, 드디어 기다리던 휴가일이 되었다면 임장을 출발해야죠. 임장을 갈 때는 편한 복장과 신발이 필수지요. 단지 내 주차장과 조명, 단지 주변 인프라, 단지에서부터 가장 가까운 역까지 직접 걸어 다니면서 현장을 느껴야하기 때문입니다. 내가 단지에 사는 거주민이라고 생각하고 단지를 돌아보고, 단지 내 상가를 이용해 보고, 가장 가까운 역까지 얼마가 걸리는지 걸어보는 게 중요해요. 이렇게 걷다 보면 지도로는 확인할 수 없었던 언덕이라든지 아파트 주변 풍경과 상권의 구성, 건물의 노후도 등 거주 환경이 눈에 들어올 겁니다.

중개사 상담

최종적으로 매물을 선택하셨다면 이제부터 침착하게 움직이세요. 경거망동해서 다짜고짜 "이 매물 사고 싶어요"라고 만나는 중개사님들마다 떠들고 다니는 순간 망하는 겁니다. 예를 들어 드릴게요. 제가 사려는 검단 아파트 101동 2025호를 취급하는 중개사님들이 A, B, C 총 세 분이 계셨다고 가정해 볼게요. 이때 중개사님들과 상담 중 더 싼 가격으로 계약을 추진해 주는 사람을 찾으려고 했다고 생각해 볼게요. 'A중개사님 101동 2025호 매물 가격 조정 되나요?', 'B중개사님 101동 2025호 매물 가격 조정 되나요?', 'C중개사님 101동 2025호 매물 가격 조정 되나요?'. 이렇게 중개사님들을 만날 때마다 말하고 다닌 거죠. 중개사님들은 기쁜 마음으로 집주인에게 이 상황을 보고하시겠죠. '방금 고객님 올리신 집 가격 조정 관련 전화가 왔는데 얼마까지 조정이 가능하실까요?'라고 말이죠. 그런데 집주인 입장에서 생각해볼게요. '아니, 중개사님. 저 이 매물 다른 중개소에도 올려둔 거 아시죠? 벌써 오늘만 세 번째 전화를 받아요. 제가 호가를 너무 싸게 올린 게 아닌가 싶네요. 가격을 올려야겠어요.' 으악! 상상만 해도 최악의 시나리오에요. 사실 이 전화는 한 사람이죠. 서로 다른 중개사님들께 각각 한 번씩 총 세 번 전화했을 뿐입니다. 그런데 집주인은 다수의 사람들이 내 집에 관심을 보이며 서로 경쟁한다고 생각할 수도 있어요.

그래서 아파트를 사려는, 매수하는 입장에서는 극소수의 중개사님과 협조하며 움직여야 합니다. 가능한 한 명이 좋고 절대 두 명을 초과하는 중개사님들께 매수 의지를 보여주지 마세요. 사전에 약속한 중개사님들과 미팅을 모두 마쳤다면 그 중 분명 느낌이 좋은 분이 한 분 이상 계실 겁니다. 아직도 느낌이 안 온다면 약속을 잡지 않았더라도 가까운 중개사무소를 꼭 방문해야 해요. 왜냐하면 내 편이 되어줄 중개사님을 찾아야 하기 때문인데요. 모든 중개사님들은 각각의 특징이 있어서 집을 파는 매도자의 편이 되어주기도 하고 전월세로 들어오는 세입자의 편이 되어주기도 합니다. 중개사님들은 수익을 창출하려면 쌍방의 계약을 성공적으로 이끌어야 하는데요. 계약을 목적으로 중간에서 역할을 하다 보니 조금씩 편향된 모습을 보이실 수밖에 없는 것이죠. 그런데 이왕이면 중간에서 계약을 주도하는 분이 나의 편이라면 더 좋겠죠? 그래서 집을 사려는 사람의 편을 들어주는, 내 편인 중개사님을 만날 때까지 미팅을 계속해야 하는 겁니다. 만약 느낌이 좋은 중개사님을 만났다면 이젠 적극적으로 매수 의지를 표현하세요. "중개사님, 저 이 집 사려고 합니다. 돈은 지금 당장이라도 낼 수 있어요. 가격 조정 얼마까지 해 주시면 집 안 보고 바로 계약금 드릴게요. 중개 보수비도 두 배로 드릴 생각이에요."라고 적극적으로 어필해야 해요. 물론 수십 년 넘은 구축 아파트라면 내부 인테리어 사정을 봐야 하기 때문에 계약금을 바로 쏘기엔 부담이 있을 수 있어요. 하지만 신축아파트 또는 10년 차 이하 아파트라고 한다면 큰 하자는 없을 것이기 때문에 이렇게 제안할 수 있어요. 그리고 가격 조정해서 아낀 돈을 중개사님께 조금 나눈다고 생각하면 중개비를 두 배 드리는 건 그렇게 큰 손해가 아니에요. 매매가 천만 원 깎아서 중개비 이삼백만 원 더 드리는 게 아까운 건 아니시죠?

가계약

미팅 당일 가격 조정까지 되고, 그 마무리로 계약까지 끝났다면 최고의 시나리오지만 보통의 집주인은 생각할 시간을 달라고 할 겁니다. 그렇지만 중개사님은 중개 보수를 더 준다는 공약도 들으셨기에 계약 성립을 위해 내 편이 되어 계속해서 노력해 주실 겁니다. 그렇기 때문에 가계약이라도 이끌어내기 위해서 집주인을 끈질기게 설득해 주실 거예요. 집주인이 생각하는 시간이 몇 시간 혹은 며칠이 걸릴 수도 있지만, 결국 시간이 지나 집주인의 'OK'가 결정되면 기분 좋게 계약금을 보내시면 됩니다. 보통 계약금의 1/3정도를 가계약금으로 내는데, 현금이 여유 있으시다면 계약금 전부를 집주인 계좌로 쏴버려도 됩니다. 가계약이든 계약금이든 계약의 효과는 같아요. 계약을 파기하려면 집주인이 계약금의 두 배에 해당하는 금액을 돌려줘야 하죠. 그렇기 때문에 계약금 송금을 한 뒤에는 이제 한숨 돌려도 됩니다. 나머지 계약금 마련과 기존에 알아봤던 대출에 대해서 다시 한번 복기하시면 충분해요.

계약

가계약금을 넣을 때 중개사님이 양쪽의 가용시간을 확인하고 계약일과 시간약속을 잡을 겁니다. 중개사님께서 아파트를 파는 매도인과 아파트를 사는 매수인 양쪽에게 문자로 계약서 초안을 보내주실 텐데 잘 읽어보시고 추가할 내용이 있다면 말씀드리면 됩니다. 그렇게 조율된 계약서는 계약 당일 매도인과 매수인이 만나서 서로의 신원을 확인하고 도장을 찍은 뒤 서명을 하면서 계약을 마무리하게 됩니다. 계약 당일에는 추가적인 조율 없이 신원확인, 서명만 진행되는 게 관례에요. 만약 계약 내용을 변경하고 싶다면 계약일 전에 조율이 되어야 합니다. 계약 당일 현장에서 조율을 하려고 한다면 난감한 상황이 발생할 수 있으니 주의하세요. 이렇게 계약이 성립되었다면 계약서에 있는 중도금, 잔금일에 돈을 납부할 준비를 해야 합니다.

대출

당연한 이야기지만 대출이 얼마나 나올 것인지, 예상 금리는 몇 프로인지는 이미 알고 있어야 합니다. 매물을 계약하기 전에 이미 은행에서 충분한 상담을 한 상태여야 하는 것이죠. 앞에서 나의 예산을 알아보는 과정에서 이미 진행했던 과정이죠. 그렇다면 은행에서 요구하는 자료와 아직 도장의 잉크도 안 마른 따끈따끈한 계약서를 함께 가지고 가서 대출을 실행하기만 하면 되는데요. 대출 심사는 보통

일주일이면 끝나지만 넉넉하게 2주 정도의 시간을 가지는 게 좋습니다. 잔금일을 못 맞추면 우리 계약금이 몰수될 수 있으니까요. 대출한도는 변동될 일이 없죠. LTV도 결국 KB시세가 기준이고 DSR도 결국 소득이 기준일 테니까요. 하지만 금리는 대출하는 사람의 신용과 한국은행 기준금리, 가산금리에 의해 변동되기에 대출이 실행될 때까지 모릅니다. 요즘은 금리가 정상을 찍고 하락하는 시기이니까 예상치보다 상승하는 경우는 거의 없을 겁니다. 실제로 저도 금리 5% 대를 예상하고 대출을 실행했는데요. 다행히 4% 후반대로 낮게 받을 수 있었어요. 그렇게 대출 관련 서류를 제출하고 심사 결과가 나올 때까지 부대에서 임무 열심히 하면서 평소와 같은 시간을 보내시면 됩니다.

'영끌족 파산'과 같은 제목으로 한참 금리가 낮을 때 영끌해서 집을 산 분들이 이자가 올라서 고생한다는 기사 많이 보셨을 것 같은데요. 이분들은 다 변동금리로 대출을 받으셔서 그렇습니다. 은행도 바보가 아니기에 저금리 상황에서 고정금리 상품을 팔 리가 없어요. 당연히 변동금리 상품만 팔았을 것이고 인플레이션을 잡기 위해 세계적인 추세와 함께 우리나라도 기준금리를 올리게 되었죠. 그렇게 원리금이 기준보다 2~3배 늘어나며 힘든 시기를 보내게 되신 건데요. 지금 판매되는 대출상품은 최소 3~5년의 고정금리가 의무로 들어가거나 만기까지 고정금리인 상품뿐이에요. 그냥 맘 편하게 고정금리 상품으로 받으시면 됩니다. 그럼 원리금은 만기까지 고정되어 있을 거예요. 결국 매달 상환하는 원리금도 화폐가치 하락으로 부담이 줄어드는 것이죠. 대출 한도는 최대한 많이, 상환기간도 최대한 길게 가져가는 것이 시간을 우리 편으로 만드는 방법이에요. 그렇게 하는 게 인플레이션을 역으로 이용하는 최고의 레버리지이기 때문이죠.

중도금

매도자와 매수자는 이미 계약할 때 서로 만났기 때문에 중도금과 잔금은 비대면으로 진행하는데요. 매수자는 계약서에 나와 있는 날짜에 중도금에 해당하는 금액을 매도자의 계좌로 보내야 합니다. 통상적인 중도금은 주택담보대출을 받는 금액에서 이미 납부한 금액을 제외한 금액으로 산정해요. 예를 들어 5억 원의 아파트를 매매하는 계약인데 이미 매매가 10%에 해당하는 5,000만 원을 계약금으로 납부했고 주담대로 4억 원을 받을 예정이라면? 중도금으로 5,000만 원만 납부하게 되는 거죠.

중도금을 활용해 가격을 조정하는 꿀팁이 있는데요. 만약 매도자의 사정을 알게 되었는데 자금흐름에 문제가 있어서 목돈이 빨리 필요한 상황이라면 중도금을 통상적인 금액보다 많이 드리는 조건으로 매매가를 좀 더 깎는 방법도 있어요. 잔금일을 당겨서 빨리 매매대금을 받는 것이 좋은 방법일 수도 있지만 부동산 거래의 특성상 한두 푼이 오가는 게 아닌 만큼 부동산 매매가 금액 일체를 빠른 시간에 만들 수 있는 사람은 별로 없을 겁니다. 그래서 통상적인 중도금에서 30%를 더 주는 조건을 제시한다면 돈이 급한 매도자 입장에서는 추가적인 가격 조정을 해서라도 중도금을 더 많이 받는 것이 유리할 수도 있어요.

잔금

주택담보대출을 활용할 경우 잔금일에 실행된 대출이 자동적으로 매도자의 계좌에 입금되도록 합니다. 그래서 분명 수억 원의 대출을 받았지만 내 계좌는 스치지도 않고 지나가는 것이죠. 하지만 그게 뭐 중요한가요? 내 아파트가 생겼는데. 그렇게 잔금을 납부하게 되면 진정한 내 집이 생기는 겁니다. 야호!

등기

잔금일에 실행된 대출은 아파트의 소유권 이전과 함께 등기부등본에 근저당으로 기록되게 됩니다. 등기부등본이란 아파트의 역사를 기록한 문서인데요. 언제 준공되었고 준공 이후 지금까지 누가 소유했고 소유권 외 권리는 어떤 것이 있었는지 알 수 있죠.

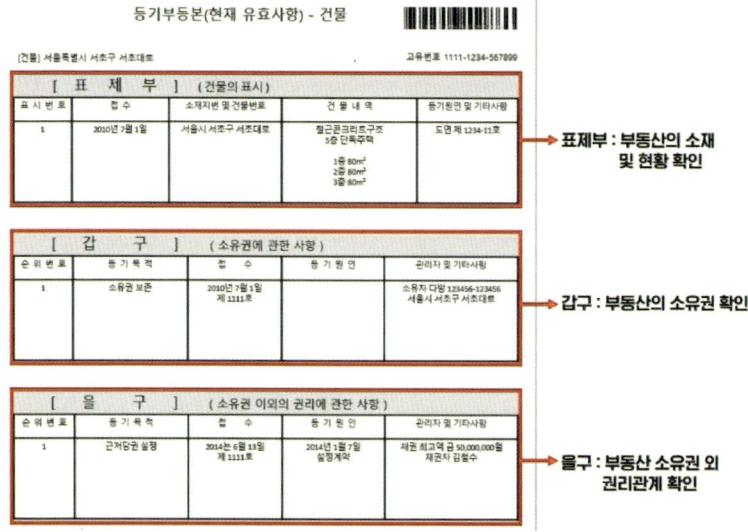

건물 등기부등본

위 사진은 등기부등본에서 볼 수 있는 내용들로 구성한 가짜 등기부등본인데요. 표제부에는 건물의 준공일, 소재지번과 건물번호, 건물이 어떤 재료로 몇 층으로 구성되어 지어졌는지에 대한 건물내역 등을 확인할 수 있어요. 갑구에는 그동안 이 아파트를 소유했던 사람들이 쭉 나옵니다. 을구에는 소유권 외 권리를 볼 수 있는데요. 저당권, 전세권, 지역권, 임차권, 지상권 등 각종 권리들이 들어가는데 주로 주담대로 인한 근저당권이 설정될 뿐이고 다른 권리인 지역권이나 지상권이 등기될 확률은 거의 없다고 보면 되는데요. 가끔 아파트 지하로 지하철 노선이 지나간다거나, 터널 등 도로가 있다거나 하면

주택	구분	취득가액	취득세율	농어촌특별세 (전용면적85m² 초과만)	지방교육세
1주택자		6억 이하	1%	0.2%	0.1%
		6억 초과 9억 이하	(취득가액 × 2/3억-3) × 1/100		취득세의 1/10
		9억 초과	3%		0.3%
2주택자	조정대상 지역		8%	0.6%	0.4%
	조정대상 지역 외	6억 이하	1%	0.2%	0.1%
		6억 초과 9억 이하	(취득가액 × 2/3억-3) × 1/100		취득세의 1/10
		9억 초과	3%		0.3%
3주택자	조정대상지역		12%	1%	0.4%
	조정대상지역외		8%	0.6%	0.4%
4주택자 이상	조정대상지역		12%	1%	0.4%
	조정대상지역외		12%	0.6%	0.4%

취득세표

지상권이 등기되는 경우도 있어요. 등기가 완료되면 취득세도 납부해야 합니다. 취득세는 매매한 부동산의 금액에 따라 세율이 다르게 적용되는데요. 아래 취득세표를 확인하시거나 부동산 계산기를 이용해서 쉽게 계산이 가능해요.

등기와 취득세 납부는 셀프로 진행할 수도 있고 법무사에게 비용을 지불하고 위임할 수도 있는데요. 저는 그동안 거래하면서 셀프로 해본 적은 한 번도 없었어요. 셀프 등기 및 취득세 납부를 하려면 아래 절차를 따라야 해요.

1. **부동산 거래 계약(직거래 / 중개매매)**: 매수인, 매도인, 공인중개사
2. **부동산 거래 신고(구청 토지정보과)**: 부동산거래신고필증 발급, 계약일로부터 30일 이내 신고 의무
3. **거래 계약 이행(중도금 및 잔금 지급)**
4. **취득세 신고(구청 세무과)**: 취득세 납부고지서 발급, 취득세 신고서, 부동산거래신고필증, 부동산매매계약서, 주민등록등본, 가족관계증명서
5. **토지대장, 건축물대장 발급(구청, 민원24)**: 토지대장 등본, 건축물대장 등본
6. **인지세, 주택채권, 등기신청 수수료 납부(은행)**: 수입인지, 주택채권매입필증, 등기신청수수료열수필 확인서
7. **소유권이전 등기신청(관할 등기소)**: 등기권리증(소유권이전 등기 신청서 및 구비서류 제출)

셀프등기를 해본 분들의 경험을 들어보면 정말 짧게 걸려도 반나절은 걸리고, 대부분은 거의 하루가 꼬박 필요하다고 하더라고요. 셀프등기에 관한 자세한 사항은 인터넷에 치면 잘 나옵니다. 셀프등기 절차를 알아보기만 했는데도 너무 복잡하더라고요. 휴가 내기도 어려운데 셀프 등기에 도전하기 어렵다면 법무사를 고용해서 일정 비

용을 납부하고 처리할 수 있습니다. 법무사 비용은 부동산 계산기에서도 계산이 가능한데 법무사 사무실별로 청구하는 등기 비용이 조금씩 차이가 나기 때문에 직접 상담을 해봐야 정확한 가격을 확인할 수 있습니다.

월세 세팅

이제 내 집도 생겼겠다, 당장 이사해서 내 집에 실거주를 하면 될까요? 절대 아니죠. 나는 관사로 살면서 나의 원리금 부담을 줄여줄 우리 세입자님을 찾아야 합니다. 주담대를 받았기 때문에 전세로 세입자를 받으려면 주택담보대출을 모두 상환하고 등기부등본 을구에 있는 근저당을 말소시켜야 해요. 그럼에도 불구하고 월세로 받는 것보다 전세를 받는 것이 나에게 유리하다면 그렇게 해야겠죠. 하지만 그냥 월세로 받는다면 크게 할 일은 없어요. 근저당이 설정되어 있더라도 월세는 보증금이 소액이기에 큰 문제가 없기 때문이에요.

지역별로 소액임차인의 범위가 다른데요. 기준 금액 이하의 보증금을 낸 임차인은 소액임차인이 되며, 소액임차인은 아래 우선변제 금액에 해당하는 금액을 보장받아요. 무슨 일이 있어도, 심지어 대항력이 없더라도 누구보다 먼저 배당받을 수 있는 것이죠. 그래서 우선변제금액 내에 월세 보증금을 세팅한다면 근저당이 높게 설정되어 있어도 쉽게 월세 세입자를 받을 수 있어요.

소액임차인의 범위

아래 구분에 따른 기준 금액을 보증금으로 지불한 임차인이 소액임차인에 해당합니다.

구분	기준 금액
서울특별시	1억 6천 500만 원 이하
「수도권정비계획법」에 따른 과밀억제권역(서울특별시 제외), 세종특별자치시, 용인시, 화성시 및 김포시	1억 4천 500만 원 이하
광역시(「수도권정비계획법」에 따른 과밀억제권역에 포함된 지역과 군지역 제외), 안산시, 광주시, 파주시, 이천시 및 평택시	8천 500만 원 이하
그 밖의 지역	7천 500만 원 이하

우선변제 금액

소액임차인이 우선변제를 받을 수 있는 금액은 그 보증금 중 다음의 구분에 따른 금액입니다. 이 경우 우선변제 금액이 주택 가격의 2분의 1을 초과하는 경우에는 주택가격의 2분의 1에 해당하는 금액을 변제받습니다.

구분	기준 금액
서울특별시	최대 5천 500만 원
「수도권정비계획법」에 따른 과밀억제권역(서울특별시 제외), 세종특별자치시, 용인시, 화성시 및 김포시	최대 4천 800만 원
광역시(「수도권정비계획법」에 따른 과밀억제권역에 포함된 지역과 군지역 제외), 안산시, 광주시, 파주시, 이천시 및 평택시	최대 2천 800만 원
그 밖의 지역	최대 2천 500만 원

세입자를 맞출 때는 아파트를 살 때 중개사님께 접근했던 방식과는 완전히 반대되는 전략을 사용해야해요. 집을 살 때는 내가 집을 사려고 하는 걸 최대한 숨기고 한 명의 중개사님과만 계약을 진행해야 한다고 말씀드렸었죠? 하지만 임차인을 맞추는 것과 집을 팔 때는 완전히 반대로, 가능한 많은 중개사님이 나의 매물을 홍보할 수 있도록 내 집을 노출시켜야 해요. 낚싯대를 한 개만 쓰기보단 여러 개를 쓰면서 떡밥도 뿌려 둔다면 낚시 성공 확률은 노력한 만큼 올라갈 거예요.

가계약

모르는 번호로 오는 전화가 이렇게 반가울 때가 있을까요? 여기저기 중개사님들께 내 집을 홍보한 효과가 결과로 돌아오는 순간이죠. 내 집에 살고 싶다는 세입자가 나타난 거예요. 세입자와 하는 계약 절차는 이전에 집을 사면서 했던 것과 같아요. 가계약금을 내 계좌에 입금받으면서 매물을 묶어두고 계약일을 정해 그때 만나서 나머지 계약금을 받게 되죠. 계약일 전까지 계약서에 내용들을 추가하면 됩니다. 계약 당일 계약 내용을 수정하는 건 실례라는 것은 기억하고 계시죠?

계약

비대면 혹은 대리인을 통해서 계약할 수도 있지만, 그래도 역시 서로 직접 만나서 진행하는 것이 더 좋다고 생각해요. 세입자도 집주인을 보고 싶을 것이고 저라도 세입자가 누구인지 궁금할 거예요. 가계약금을 받을 때 정한 계약일에 만나서 서명하고 도장 찍고 하면서 조금만 대화해도 세입자에 대한 판단이 어느 정도 되더라고요. 어찌 되었든 세입자는 내 집에 살아주면서 내 원리금 부담을 절반 이상 덜어주는 소중한 존재라고 생각합니다. 그래서 항상 감사한 마음을 가지고 있는데요. 임대차 계약을 위해 만나 뵐 때마다 진심을 담아 "내 집이라고 생각하고 편하게 지내세요."라고 말씀드려요. 계약기간 2년 동안 아무리 깨끗하게 생활한다고 해도 가구나 가전이 위치했던 벽지는 색이 바래고 상하기 마련이죠. 다른 분들도 세입자 바뀔 때마다 벽지 도배 정도는 다시 해준다고 생각하시며, 좀 더 너그러운 마음을 가졌으면 좋겠습니다. 어차피 월세도 집값도 시간이 지나면서 오르지 않나요?

잔금

계약서에 적힌 잔금 날이 되면 세입자는 잔금을 납부하고 그때부터 내 집에 대한 소유권을 가지게 되죠. 저는 새집을 샀고 세입자가 그 집에 처음 사는 경우였어요. 새집은 준공 후 하자에 대한 보수를 위한 A/S 기간을 주는데요. 그 기간이 지나면 하자가 있어도 보수할 수 없기 때문에 하자 있는 지점을 잘 찾아서 보수하는 게 중요합니다. 돈을 내고 전문가를 고용해서 하자보수 지점을 찾는 경우도 있죠. 제 생각에는 돈을 내고 하자를 찾을 정도는 아닌 것 같고 어차피 세입자가 최소 2년은 살고 가실 거니까, 준공 후 하자보수에 대한 책임을 세입자가 성실히 이행하는 특약을 계약서에 넣어 레버리지했어요. 이런 방법은 꼭 신축 아파트가 아니라 인테리어 후 하자 A/S할 때도 가능한 방법인 것 같아요.

이렇게 세입자에게 잔금을 받으면 여러분의 내 집 마련의 여정은 끝이 납니다. 수백만 원의 원리금은 감사하게도 세입자의 월세 덕분에 수십만 원으로 줄어들면서 이미 여러분이 매달 저축하고 있는 금액과 별반 다를 바 없어질 겁니다. '집 사는 걸 뭐 이렇게 쉽게 표현하냐'라고 생각하는 분들이 있을 것 같습니다. 근데 실제로 해보면 정말 별 거 없는 게 부동산 거래예요. 단 한 번의 부동산 거래 경험도 없고 공인중개사와 대화 한번 나눠본 적 없는 사람이 수억 원에 달하는 아파트를 사는 것은 정말 어려운 일이라는 것을 저도 잘 알고 있습니다. 그런데 한 번이라도 경험이 있는 사람과 대화해 보셨나요? 그들은 모두 한번 해보면 별거 아니라고 말할 거라 확신해요. 내 집 마련을 하고 싶다면 내 집 마련 경험이 있는 사람에게 찾아가세요. 경험 있는 사람에게 도움을 요청하면 누구나 친절하게 진실된 마음으로 도움을 줄 거예요.

6장.
'자유시간 투자자'의
인생 투자 전략

다음 페이지의 도식은 제가 실제로 추구하고 있는 모든 재테크 지식의 집합체입니다. 제가 알고 있는 모든 재테크 지식을 조합해서 알고리즘을 만들었는데요. 저도 현실에 적용하여 실천하고 있는 '인생 투자 전략'을 소개해 드릴까 합니다. 저축을 시작으로 주식과 부동산을 이용해 나의 시간과 노력을 최소화하여 현업에 집중하는 와중에도 자산이 알아서 증식하게 만드는 방법이에요. 그리고 피할 수 없는 세금을 효과적으로 절세하여 자산의 증식을 극대화하는 방법까지! 제가 알고 있는 모든 걸 숨김없이 공개할게요.

인생 투자 전략

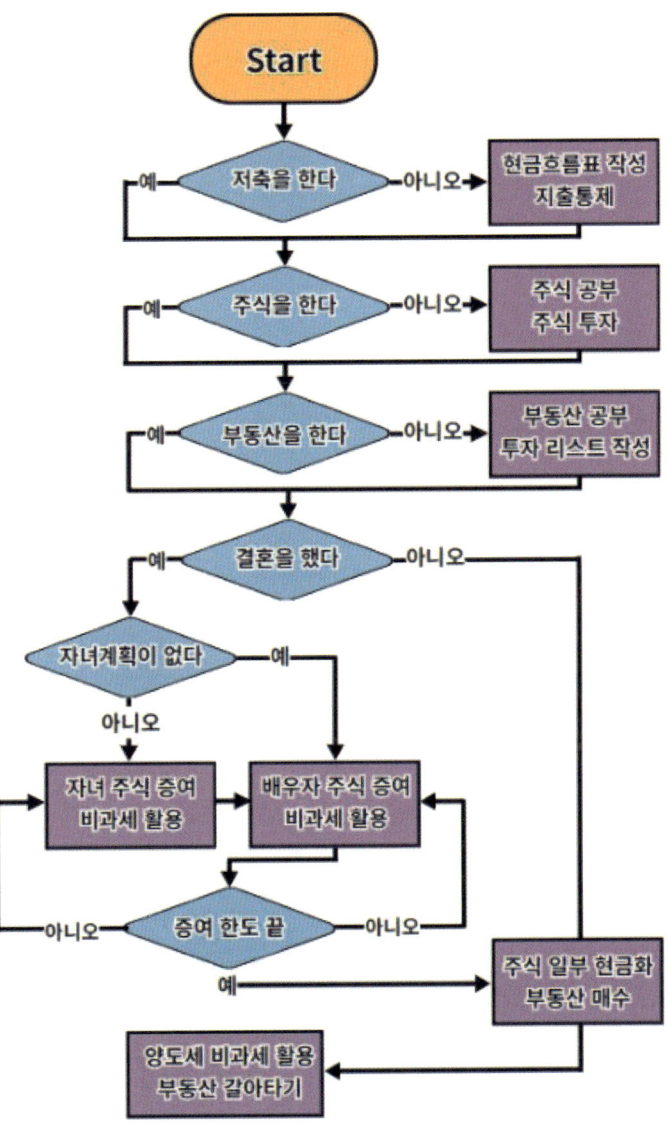

인생 투자 전략

부동산과 주식 절세

세금은 피할 수 없죠. 만약 세금을 피하기 위해 속임수를 쓴다면 세무조사를 통해 수배에 달하는 세금을 추징당할 수 있어요. 그렇기 때문에 세금은 세법 안에서 성실하게 납부해야 합니다. 주식은 소액으로 시작할 수 있으면서 현금화도 하기 쉬운 자산이죠. 그래서 부동산보다 쉽게 접근할 수 있으며 평생을 함께해야 하는 재테크 수단이라고 생각합니다. 재테크의 시작은 결혼이라는 말이 있다는 걸 아시나요? 결혼을 한 부부 또는 자녀를 가진 가족이라면 주식을 증여하여 비과세 혜택을 이용할 수 있는데요. 바로 배우자 증여와 자녀 증여를 활용한 절세입니다. 가족에게 증여하는 자산에 대한 비과세 혜택을 주식과 연계하여 사용한다면 최고의 효과를 얻을 수 있는데요. 왜냐하면 주식을 수익화할 때 내는 세금인 양도세를 비과세로 처리하는 효과를 얻을 수 있기 때문이죠. 어떻게 하면 배우자와 자녀 증여를 이용해서 양도세 비과세를 받을 수 있는지 소개할게요.

주식도 부동산과 마찬가지로 양도소득세를 납부해야 하죠. 부동산은 양도차익에 따라서 세율구간이 달랐지만 주식은 해외주식 기준 22%의 세율이 고정되어 있어요. 그래서 얼마를 벌었던 다른 수익과는 분리과세되어 주식의 양도차익에 22%만 곱하면 됩니다. 그런데 결혼을 했고, 아이가 있는 가족이라면 배우자와 자녀 증여 비과세 혜택을 이용해서 이 양도세를 절감할 수 있는데요. 이는 주식의 상태로 증여를 했을 때 취득가액을 전후 2개월(총 4개월)의 평균값으로 계산하는 것을 이용하는 거지요. 즉 양도세는 주식을 산 가격에서 판 가격을 뺀 양도차액에 22%를 곱하여 정해지는데, 증여를 이용해 주식을 산 가격을 올려버리면서 양도세를 절세할 수 있는 것이죠. 예를 들어 1천만 원에 샀던 주식이 5천만 원이 되었는데 이를 팔면 양도차액 4천만 원에 대한 22%의 양도세율을 곱해 양도세를 납부해야 할 것입니다. 하지만 5,000만 원의 주식을 배우자에게 증여한다면? 배우자에게 증여한 시점의 전후 2개월의 평균 가격으로 배우자가 주식을 샀다고 보게 됩니다. 그래서 그렇게 정해진 취득가액이 5천만 원이라면 배우자는 이 주식이 차후에 1억 원이 되더라도 양도차액 5천만 원에 대한 양도세만 납부하면 되는 건데요. 왜냐하면 5천만 원에 샀던 주식을 1억 원에 파는 효과와 동일하기 때문입니다. 그렇다면 배우자와 자녀 증여를 할 수 있는 한도와 기간을 각각 어떻게 될까요? 배우자 증여는 10년 단위 6억 원, 자녀 증여는 미성년일 경우 10년 단위 2천만 원, 성인일 경우 5천만 원입니다. 10년 단위로 금액이 초기화되기 때문에 이 방법을 잘 활용하면 상당한 양의 세금을 합법적으로 절세할 수 있습니다.

부동산은 덩치가 큽니다. 가격이 비싼 만큼 내야 하는 세금도 커지죠. 살 때, 가지고 있을 때, 팔 때 모두 세금을 내야 하는데요. 만일 절세하지 않으면 세금의 크기가 수천만 원을 넘어 수억 원이 될 때도 있습니다. 그렇기 때문에 세금도 공부를 하고 전략을 세워야 합니다. 기껏 인플레이션 피하려고 내 집 샀는데 세금에 내 돈이 다 녹아버리면 의미가 없겠죠? 그래서 취득세 면제와 양도세 비과세 전략을 소개하고자 합니다.

(1) 취득세 면제

취득세는 아파트를 살 때 꼭 내야 하는 세금입니다. 매매가에 취득세율을 곱해서 정해지게 되는데요. 아래 그림은 주택 취득세표인데요. 전용면적 $85m^2$ 이하 주택을 구매하면 농어촌특별세는 면제되고 취득세율과 지방교육세에 매매가를 곱해서 산출되죠. 6억 원의 아파트를 구매하게 된다면 660만 원을 취득세로 납부해야 합니다. 그런데 생애최초 주택을 매수하는 사람이라면 취득세를 최대 200만 원까지 면제받을 수 있습니다. 단, 3년 이상 실거주를 한 뒤에 매도해야 하고 실거주 요건을 채우지 않고 매도하면 감면받은 세금이 추징될 수 있습니다. 취득세 계산은 아래 세율표를 보고 직접 계산해도 되지만 부동산 계산기의 취득세 계산 기능을 활용하면 간단하게 산출할 수 있습니다.

주택	구분	취득가액	취득세율	농어촌특별세 (전용면적 85m²초과만)	지방교육세
1주택자		6억 이하	1%	0.2%	0.1%
		6억 초과 9억 이하	(취득가액 × 2/3억-3) × 1/100		취득세의 1/10
		9억 초과	3%		0.3%
2주택자	조정대상 지역		8%	0.6%	0.4%
	조정대상 지역 외	6억 이하	1%	0.2%	0.1%
		6억 초과 9억 이하	(취득가액 × 2/3억-3) × 1/100		취득세의 1/10
		9억 초과	3%		0.3%
3주택자	조정대상지역		12%	1%	0.4%
	조정대상지역외		8%	0.6%	0.4%
4주택자 이상	조정대상지역		12%	1%	0.4%
	조정대상지역외		12%	0.6%	0.4%

취득세 세율표

(2) 양도세 비과세

양도세는 아파트를 팔 때 내는 세금인데요. 내가 샀던 가격에서 파는 가격의 차액, 즉 양도차액과 양도세율을 곱해서 정해집니다. 양도세 과세 기준표는 아래와 같아요.

2025년 양도소득세 과세 기준표		
과세표준	세율	누진공제
1400만 원 이하	6%	-
1400만 원 초과 5000만 원 이하	15%	126만 원
5000만 원 초과 8800만 원 이하	24%	576만 원
8800만 원 초과 1억 5천만 원 이하	35%	1,544만 원
1억 5천만 원 초과 3억 원 이하	38%	1,994만 원
3억 원 초과 5억 원 이하	40%	2,594만 원
5억 원 초과	42%	3,594만 원
10억 원 초과	45%	6,594만 원

2025년 양도소득세 과세 기준표

예를 들어 5억 원에 구입한 아파트가 3억 원이 올라 8억 원이 되었을 때 판다면 양도세는 얼마일까요? 양도차액은 3억 원이고, 3억 원은 세율 38% 구간이죠. 혜택 없이 양도세를 내야 하는 상황이라면 무려 9,489만 7,000원에 대한 양도세를 납부해야 합니다. 분명 3억 원의 차액을 얻었는데 무려 1억 원에 가까운 세금을 내게 되는 것이죠. 그런데 이렇게 무지막지한 양도세를 안 내는 방법이 있는데요. 이것이 바로 양도세 비과세 혜택입니다. 양도세 비과세는 어떻게 해야 받을 수 있냐 하면, 세대에 보유한 주택이 한 개뿐이어야 하고 이 주택을 2년 이상 보유한 뒤 팔면 되는데요. 예를 들면 나와 아내가 세대를 구성한 가족이 2년 전에 생애 최초로 구매한 아파트를 지금 팔게 되면 양도세 비과세를 받을 수 있습니다. 그런데 나도 아파트를 가지고 있는 상태이고 아내도 아파트를 가지고 있는 상태라면 이야기가 달라져요. 일시적 2주택이라고 하여 내가 2022년 아파트를 사고 1년이 지나 2023년 아내가 아파트를 샀다면? 내가 산 아파트를 아내가 아파트를 샀던 2023년을 기준으로 하여 3년 이내 팔아야 양도세 비과세 혜택을 받을 수 있습니다. 그리고 또 한 가지 조건이 더 있어요. 내가 파는 주택의 가격이 12억 원 이하일 때만 양도세 비과세가 적용되지요. 만약 12억 원을 초과하는 가격으로 팔게 된다면 과세대상양도차익에 대한 부분에만 양도세가 과세되는데요. 과세대상양도차익을 구하는 공식은 '양도차익*(양도가액-12억 원)/양도가액'입니다. 예를 들어 9억 원에 산 주택을 15억 원에 파는 상황이라면 양도차액은 6억 원이지만 과세대상양도차액이 1.2억 원이므로 1.2억 원에 대한 양도세는 납부해야 하는 것이죠. 그러나 이렇게 복잡한 계산과정은 직접 할 필요 없이 부동산 계산기에서 양도소득세 계산 기능을 활용하여 간단하게 할 수 있으니 너무 걱정하지 않아도 됩니다. 1세대 1주택 양도세 비과세를 이용해서 수억 원의 양도세를 절세해 보세요.

아직 내 집 마련을 할 수 없는 초급간부를 위한 전략

아파트는 덩치가 커서 자본이 부족한 초급간부에게는 그림의 떡일 겁니다. 그렇다고 열심히 예금, 적금, 공제회 하면서 현금만 모으고 있을 수는 없는 노릇이죠. 그렇게 돈을 모아서 수년 후에 이제 집 한 번 사볼까 하면서 부동산 시장을 쳐다보면 이미 내가 현금을 모은 속도보다 몇 배는 더 빠르게 아파트 가격이 상승해 있을 테니까 말이에요. 그래서 지금 당장 아파트를 살 돈이 없는 초급간부를 위한 시드머니를 모으기 전략을 소개하려고 합니다.

부동산과 같이 우상향하는 성질을 가지면서 소액으로도 살 수 있는 자산이 있습니다. 바로 주식인데요. 거만하고 재수 없는 소리일 수도 있겠지만 사실 주식은 너무 쉽습니다. 왜냐하면 어떤 자산이든 결국 대장을 사서 복리에 태우면 되는 건데 주식은 부동산에 비해 덩어리가 작아서 뭐든 살 수 있거든요. 부동산 대장을 사려면 수십억 원이 필요해요. 압구정 현대 같은 친구를 사려면 80억 원이 필요한 것처럼요. 압구정 현대가 좋다는 건 부동산 하는 사람들 누구나 알고 있을 테지만 너무 비싼 가격 때문에 못 사는 거죠. 그래서 내가 살 수 있는 예산 안에서 가장 좋은 부동산이 뭘까 공부하는 겁니다. 결국 입지분석하고 레버리지하고 영끌해서 아파트를 살 수밖에 없는 이유는 좋은 아파트는 너무 비싸고 우리는 그걸 살 돈이 없기 때문에 차선을 선택하는 것인데요. 반면에 주식은 그럴 필요가 없죠. 부동산처럼 대장을 사는데 수십억 원이 필요하진 않습니다. 연평균 12%의 상승을 보인다는 S&P500의 지수를 추종하는 ETF 상품의 가격은 2025년 1월 23일을 기준으로 한 주에 606달러입니다. 한화로 871,021원밖에 안 하죠. 이렇게 저렴한 가격에 구매할 수 있는 S&P 500은 미국의 증권거래소에 상장된 상위 500개 기업의 주가 성과를 추적하는 지수라서 사실상 미국의 대장기업들을 한군데에 모아둔 것이라고 할 수 있는데요. 실제로 여기 포함된 기업을 나열해 보면 마이크로소프트, 엔비디아, 애플, 아마존, 메타 플랫폼스, 클래스 A 및 C, 알파벳, 버크셔 해서웨이 등이에요. 이렇게 덩치 큰 기업들을 모아두었는데 한주에 단돈 80만 원이면 구매가 가능하니 마치 압구정 현대 아파트를 사서 들고 있는듯한 효과를 얻을 수 있는 것이죠. 그래서 아파트를 살 충분한 돈이 없는 초급간부라면 현금을 모으지 말고 주식의 형태로 자산을 모아가는 방법을 추천합니다. 실제로 저도 초급간부일 때는 주식을 먼저 보유했고 지금도 부동산과 주식을 함께 보유하고 있어요. 그 이유는 주식의 장점으로 부동산의 단점을 상호보완할 수 있기 때문이에요. 주식은 부동산에 비해 덩치가 작아 부동산보다 상대적으로 거래가 쉽다는 장점이 있는데요. 특히, 미국 증권시장이 개장된 상태라면 언제든 사고팔고 자유롭게 현금화할 수 있어서 덩치가 커서 현금화를 하는 데 시간이 오래 걸리는 부동산의 단점을 보완해 주죠. 그렇기 때문에 저는 앞으로도 부동산과 주식을 함께 보유하는 방향으로 자산을 구성하려고 합니다. 돈이 부족해서 부동산을 바로 시작할 수 없는 초급간부라면 주식으로 자산 형성을 시작하세요. 주식이 자산을 불려주는 속도를 감안하면, 부동산도 금방 시작할 수 있을 거예요.

7장.
부동산 스터디
성공 사례

 같은 방향성에 같은 생각을 가지고 나아가는 사람을 만난다는 것은 정말 감사한 일입니다. 그런 사람들과 함께한다면 더 오랫동안 멀리 갈 수 있어서 결과적으로 더 좋은 성과가 나오기 때문인데요. 그래서 나와 같은 생각을 하는 사람들을 곁에 두는 것은 정말 중요합니다. 24시간, 365일, 언제든 함께 공부하고 성장할 수 있는 공간이 있습니다. 그곳은 바로 네이버 카페「리치군인」입니다. 이 카페는 베스트 셀러『군인은 어떻게 부자가 될 수 있을까』의 저자 리치비님이 만든 공간인데요. 카페에서 스탭으로 활동하는 사람들은 '독서에 부의 추월차선으로 가는 열쇠가 있다.'라는 의미인 'BOOKEY' 맴버들이에요. 부키 멤버는 모두 주식, 부동산 등 자산을 소유하고 있는 자산가인데요. 뿐만 아니라 부키 멤버들은 각자의 분야에서 상당한 전문성을 보여주고 있습니다. 월 수천만 원의 순수익을 거두는 이커머스 사업, 자녀의 두뇌를 혁신적으로 성장시키는 자녀 교육, 4차 산업 시대에 하루 수천 명의 트래픽을 발생시키는 글쓰기 등 다양한 분야에서 활동하며 얻은 전문성 높은 지식들을 카페에서 나누고 있습니다. 저도 부키 멤버로 활동 중인데요. 제가 경험한 부동산 지식들을 나누기 위해 카페에 칼럼을 쓰고 있어요. 더 나아가 카페 회원님들의 내 집 마련에 직접적인 도움을 드리기 위해 부동산 스터디와 경매 스터디를 진행하고 있죠. 총 10주 과정으로 진행되는 스터디는 25년 1월 기준 총 45명의 회원님들이 함께하셨는데요. 총 143건의 아파트 매물과 78건의 경매 매물을 분석한 끝에 총 세 분이 내 집 마련에 성공하셨습니다. 내 집 마련에 성공한 세 분은 총 14.3억 원의 자산 증가를 이뤄내셨는데요. 이는 한 분당 무려 4.45억 원의 자산증가 효과입니다. 이분들의 성공 사례를 공개하는 것은 부동산 투자를 시작하고 싶지만 마음속에 가지고 있는 막연한 두려움, 불안으로 망설이는 분들에게 도움이 될 것 같다는 생각이 들었어요. 그래서 부동산 스터디에서 저와 함께 공부하시고 내 집 마련까지 성공한, 세 분의 거짓말 같은 이야기를 공개하려고 합니다.

현역 대위 군인 가족, 서울 영등포 신길뉴타운 21평형 신축아파트

　영등포구 신길동은 엄청난 규모의 재개발이 추진 중입니다. 신길동에 진행 중인 재개발은 2000년대부터 서울시에서 추진했던 뉴타운 사업 중 하나로 신길 뉴타운으로 불리는데요. 빌라가 밀집해서 주거 환경이 좋지 않았던 지역이 신축 아파트단지로 변신하는 중이죠. 신길동의 입지는 굉장히 좋아요. 왜냐하면 주변에 강남, 여의도, 구로·가산 디지털 단지가 위치하고 여의도 지나서 한강만 건너면 바로 용산이 나오기 때문이에요. 그렇게 다양한 직장군에 대한 접근성이 좋은 만큼 수요도 풍부한 곳이죠. 이미 버스로 20분이면 여의도까지 갈 수 있을 만큼 물리적으로 가까워요. 그런데 곧 신안산선도 개통 예정이라 교통이 더 좋아질 예정이에요. 신안산선을 이용하면 10분 안에 여의도에 갈 수 있으니까 정말 엄청난 입지죠.

　이렇게 엄청난 입지에 있는 신축 아파트를 첫 집으로 단번에 마련한 분은 「리치군인」 카페에서 해리포터라는 닉네임으로 활동하시는 회원님인데요. 남편분이 현역 대위로 복무하는 군인 가족이세요. 해리포터 님의 아파트 매수 성공기는 정말 볼 때마다 놀랍죠. 부동산 스터디에서는 10주간 함께 공부하면서 한주에 하나씩 내가 가지고 있는 현금과 대출가능한 금액을 고려했을 때 실제로 구매가 가능한 아파트를 조사하게 되는데요. 이 아파트는 스터디 3주 차에 조사해 오신 매물이었고 실제 아파트를 산 시기는 스터디가 절반밖에 진행이 안 된 5주 차였어요. 스터디가 끝나기도 전에 내 집 마련에 성공하셨던 거예요. 정말 대단하지 않나요? 그래서 스터디 시작 한 달 만에 해리포터 님이 마지막까지 고민하셨던 영등포 신길동과 광명 철산동의 임장을 함께 다녀오게 되었는데요. 이때 들은, 아파트를 사려고 하는 이유는 정말 아직도 생생하게 기억나요. 누구든 아파트를 사기 위해 결심을 하는 계기가 있는데요. 해리포터 님은 정말 확실한 계기가 있었고 그렇기 때문에 이렇게 빠르게 행동하실 수 있었다는 생각이 듭니다. 해리포터 님이 아파트를 사야겠다고 생각한 계기가 무엇인지 궁금하시죠? 해리포터 님 내외분의 취미는 게임이에요. '메이플스토리'라는 게임 아시나요? MZ세대라면 다들 아실 텐데요. 오픈한 지 얼마 안 된 서버에서 게임을 시작하셨다고 해요. 서버 안에 유저가 얼마 없던 초기에는 열심히 사냥하고, 성실히 퀘스트 깨는 것만 해도 좋은 아이템을 살 수 있었다고 해요. 그런데 시간이 지나고 서버 안에 유저가 늘어나면서 자연스럽게 게임머니도 많아지게 되었답니다. 그러자 아이템 값이 폭등하게 되었고 더 이상 현질 없이는 게임을 즐길 수 없는 수준이 되어버려서 결국 접을 수밖에 없었다고 해요. 이때 해리포터 님은 느끼셨다고 해요. '아, 돈이 아니라 아이템을 가지고 있어야 하는구나. 그렇다면 현실에서의 아이템은 뭐지? 아파트!' 게임 속에서 인플레이션을 직접 느낀 후에 현실에서도 돈이 아닌 자산을 모아야 한다는 답을 얻은 것이죠. 얼마나 간절하셨는지 아파트 임장을 위해 처음 만난 자리에서 이렇게 말씀하셨어요. '전 오늘 당장이라도 계약금 보낼 준비가 되어 있어요!' 정말 엄청난 추진력이죠. 해리포터 님이 아파트를 계약하셨던 24년 4월은 아직 부동산 시장이 얼어붙어 있던 상태라 매도자와 협상을 하기 쉬웠어요. 아파트 팔겠다는 사람은 많은데 사겠다는 사람은 적은 매수자 우위 시장이었기 때문에 가격을 깎기 좋았죠. 주말에 임장을 하다 보니 영업을 하던 공인중개사무소가 많이 없었는데요. 그 몇 없던 사무소 중 한 곳이 마침 임장하고 온 매물을 가지고 계셔서 중개사님의 브리핑도 듣고 상담도 받을 수 있었는데요. 해리포터 님의 엄청난 추진력은 이때 한 번 더 빛났습니다. '중개사님, 만일 3,000만 원만 깎아주시면, 지금 바로 계약금을 쏠 수 있어요! 방도 안 보고 바로 계약할게요.' 그 순간 중개사님의 눈이 휘둥그레지셨고 더 적극적으로 상담해 주시더라고요. 아마도 그때 당시에는 이렇게 적극적으로 매수 의지를 표현하는 사람이 별로 없었기 때문이었던 것 같아요. 저도 당시 해리포터 님의 슈퍼헤비 로켓과 같은 엄청난 추진력에 놀랐는데요. 2020년에 준공된 신축 아파트였기 때문에 방을 안 봐도 큰 문제가 되지 않을 것 같다고 생각해 잘 지르셨다고 생각하던 참이었죠. 상담을 받는 중에 집주인과 연락은 되었지만 하루 정도 고민할 시간이 필요하다는 집주인의 의사에 당일 계약까지는 이뤄지지 못했어요. 하지만 결국 9억 원에서 3,000만 원이나 깎아 8억 7,000만 원의 실거래가가 찍히게 되었지요.

해리포터 님은 이미 돈을 모으는 재미를 알고 계셨고 그 재미로 일을 하셨던 분이라 모아둔 현금이 많았어요. 그래서 한 번에 영등포에 입성해서 서울 3급지 아파트의 주인이 되실 수 있었는데요. 서울의 3급지 아파트 사는 데 얼마가 필요한지 궁금하시죠? 해리포터 님은 결혼 전부터 열심히 저축하신 3억 원의 현금과 주택담보대출을 활용하셨어요. 남편분의 돈을 조금 더 보태서 현금 3억 5,000만 원과 주택담보대출 5억 원을 활용해서 매매 잔금과 취득세까지 납부하셨어요. 대출을 5억 원이나 받으셨다 보니 매달 납부하는 원리금의 금액도 상당했는데요. 그 액수는 실제로 215만 원 상당이었죠. 웬만한 초급간부 월급에 해당하는 엄청나게 큰 액수예요. 하지만 매달 215만 원을 내야 하는 상황은 해리포터 님이 직접 실거주를 했을 때에나 적용될 이야기죠. 그 집에는 이미 월세 세입자가 거주를 하고 있었는데요. 세입자는 보증금 5,000만 원에 월세로 160만 원을 내고 있었어요. 그래서 매달 들어오는 세입자의 월세로 주담대의 원리금 대부분을 처리하고 나머지 55만 원만 납부를 하고 계세요. 55만 원이면 요즘 병사들도 저축할 수 있는 금액 아닌가요? 신길 뉴타운의 21평형 아파트를 내 집으로 만드는 데 필요한 돈은 현금 3.5억 원과 매달 납부하는 55만 원의 원리금뿐이랍니다. 이 집을 매수한 지 8개월이 지난 시점인 25년 1월 기준 동일 평형 실거래가가 9.5억 원이 찍혔고 동일 평형 매물의 호가는 무려 10억 원이에요. 1년도 안 된 시점에서 벌써 최소 8,000만 원에서 최대 1억 3,000만 원의 잠재수익을 거두신 거지요. 게임에서 경제를 배우고 현실에 적용하신 해리포터 님의 부동산 투자 성공기 어떠셨나요? 가능한 빨리 돈을 자산으로 바꿔야 한다는 건 진리에요. 가능한 빨리 시작하세요.

현역 중사, 경기 고양 일산신도시 31평형 아파트

고양 일산신도시는 1990년도 초에 지어진 1기 신도시 중 하나에요. 준공 30년이 넘은 구축 아파트들뿐이죠. 그런데 30년간의 내공이 고스란히 쌓인 탄탄한 인프라는 엄청난 장점인데요. 서울까지 접근성이 조금 떨어지지만 GTX-A의 부분 개통으로 서울 도심 접근성이 획기적으로 개선되었고 수서역부터 시작되는 GTX-A의 남쪽 노선과 연결되었습니다. 강남에 있는 삼성역까지 완전 개통되게 된다면 강남까지 20분 만에 도달할 수 있게 됩니다. 우리나라 최대 직장군인 강남에 겨우 20분 만에 갈 수 있다는 건 엄청난 입지이죠. 그리고 일산의 최대 장점은 일산에 있는 후곡, 백마 학원가가 서울의 대치, 목동, 중계 학원가만큼 크고 유명한 학군지라는 점인데요. 맹모삼천지교라는 고사성어가 있을 만큼 자녀의 교육은 중요한데 우리나라의 학구열 역시 세계 2등이라면 서럽기 때문에 좋은 학군지를 가진 일산의 미래는 밝다고 생각해요. 그런데 일산의 인프라를 도보권으로 누릴 수 있는 아파트들은 모두 준공한 지가 30년이 넘은 구축뿐이라 주거 환경에 대한 의문을 가질 수도 있는데요. 그래서 구축 아파트에 투자할 때는 인테리어에 신경을 써줘야 합니다. 왜냐하면 구축은 신축에 비해 상대적으로 주거 환경이 좋지 않아서 전월세 시세도 낮게 형성되기 때문인데요. 인테리어를 잘해서 구축 아파트라는 느낌을 상쇄시키고 전월세 가격을 높여 받는 것이 인테리어 비용을 아껴서 전월세 가격 제대로 못 받는 것보다 더 좋아요. 그리고 30년 이상의 구축 아파트는 오히려 좋은 점도 있는데요. 준공 30년 차 이상 아파트는 안전진단 없이도 재건축 추진이 가능하기 때문이에요. 완화된 정책 덕분에 일산 신도시의 모든 아파트가 재건축 대상이 되었고 몇 달 전인 24년 11월 27일 1기 신도시 재건축 선도지구가 발표되면서 정부 차원에서 1기 신도시 재건축에 대한 의지를 보이고 있는 상황입니다. 재건축 사업은 주민의 동의율과 사업성이 중요한데요. 일산은 1기 신도시 중에도 특히 용적률이 낮은 편이라 사업성이 좋은 편이에요. 그렇지만 아무리 사업성이 좋아도 서울이 아닌 수도권에 위치하다 보니 땅값이 싸서 결국 추가 분담금은 피할 수 없을 것 같아요. 그래도 일산 전체 아파트를 재건축하려는 국가와 지자체의 의지가 있는 만큼 잘 추진되었으면 합니다.

그래서 일산의 재건축 대상 30평대 구축 아파트를 사는 데에는 얼마가 필요했을까요? 아마 안 믿으실 수도 있는데 단돈 2,250만 원으로 해결하셨어요. 이 말도 되지 않는 이야기를 지금부터 시작해 볼게요. 이 믿기지 않는 이야기의 주인공은 「리치군인」 카페에서 활동하시는 엘구파파 님이에요. 엘구파파 님은 부동산 스터디를 하시기 전에는 차도 재산이라고 생각하셨어요. 주변에 교통사고로 크게 다치는 지인을 본 뒤 안전한 차를 타야겠다는 생각을 갖게 되셨죠. 그래서 불과 2년 전 큰돈을 투자해서 안전하기로 유명한 외제차를 구입하셔서 타고 다니셨죠. 그런데 부동산 스터디에서 함께 공부하며 아파트에 투자할 가용현금을 판단하시더니, 동원할 수 있는 현금이 조금 부족하다는 걸 느끼셨다고 해요. 그래서 엄청난 결심을 하시게 되는데요. 바로 2년된 새 차를 팔아버리는 거예요. 차는 시장에서 자산으로 인정받지 못하는 소모품이다 보니 살 때 가격보다 팔 때 가격이 낮을 수밖에 없죠. 그래서 결국 1,500만 원 정도의 손해를 보셨다 해요. 그러나 그 결과 4,800만 원의 현금을 추가로 확보하실 수 있었어요. 그렇게 추가로 현금을 확보한 덕에 더 입지 좋은 곳에 있는 매물을 살 수 있게 되었는데요. 그게 바로 이 단지에 있는 26평형 매물이었어요. 최초 인터넷 임장을 하시며 알아본 아파트의 평수는 26평형이었지만 차량 매각 대금을 더해 31평을 보게 되신 경우예요. 아파트를 팔 때면 '내 집 5억 원에 팔고 싶어요'라고 공인중개사무소를 찾아가 말하면 되는데요. 그럼 중개사님이 'OO아파트 매매 O억 원'이라고 게시를 하는데 이걸 호가라고 해요. 엘구파파 님이 처음으로 조사한 26평형 아파트의 호가는 4억 500만 원이었죠. 천만 원 정도만 깎으려고 했는데 절대 안 깎아 주시더라고요. 그렇게 몇 주가 흘러 엘구파파 님과 함께한 스터디가 끝났습니다. 스터디도 끝났는데 쫑파티가 빠질 수 없겠죠? 함께 공부했던 분들과 즐거운 시간을 보내던 와중에 가장 멀리서 올라오신 엘구파파 님과 눈이 마주쳤어요. 경남 함안에서 복무하시는 터라 모임을 위해서 가족 모두가 함께 서울로 올라오신 상태였죠. 용산에 있는 육군회관을 숙소로 잡으셨어요. 그래서 제가 제안을 했습니다.

"엘구파파 님, 일산 임장 가실까요?"

'어차피 엘구파파 님은 내일 내려가셔야 하니까 남은 저녁 시간 활용해서 임장을 다녀오자'라는 생각이었어요. 다행히 엘구파파 님도 임장을 가고 싶어 하셨고 그렇게 일산으로 출발했죠. 일산으로 가는 동안에 천만 원도 안 깎아주던 그 4억 500만 원의 매물이 아직 있는지 여쭤봤어요. 아직도 매물이 있긴 하더라고요. 이 매물을 매수하려면 대출 3억 5,000만 원을 활용해서 결국 최종투자금이 5,500만 원이 필요했었죠.

"엘구파파 님, 그런데 지금 보시고 계신 단지에 올라와 있는 매물 중에 가장 큰 평수는 호가가 얼마죠?"

가장 큰 평수의 호가는 5억 4,000만 원이었어요. 그리고 이미 4억 원의 전세보증금을 내고 살고 계시는 세입자가 계셨죠. 1억 4,000만 원의 현금이 필요했는데 다른 대출을 활용하면 충분히 투자금을 줄일 수 있을 것 같았습니다. 사전에 대출 가용 금액을 확인하고 온 터라 더욱 매물을 잘 고를 수 있었어요. 특히 주택담보대출 대신 신용대출, 군 생활안전자금대출을 활용한다면 1억 1,000만 원의 가용현금을 더 만들 수 있다는 걸 알고 있었기 때문에 뭐가 더 좋은 선택인지 결정하는 것은 간단했습니다. 그렇게 현장 임장을 통해 기존에 보던 26평형 아파트(4억 500만 원)를 보았는데 내부 환경이 많이 노후되어 추가적인 인테리어 비용까지 생각해야 했어요. 오히려 인테리어 비용에 대한 고민이 없는 31평형 아파트의 투자금이 더 유리해 보일 정도였습니다. 그래서 기존에 보던 26평형 아파트 대신에 31평형 아파트를 계약하게 되었죠. 결과적으로 신용대출은 원리금을 월 835,000원, 생활안전자금은 거치식으로 이자만 월 135,000원을 납부하게 되셨는데요. 이는 26평형을 구매했을 때 세입자의 월세를 활용해서 줄인 금액인 월 120만 원 상당의 주담대보다 더 적은 금액이었어요. 그럼에도 불구하고 단 하나의 단점이 있었어요. 호가가 5억 4,000만 원으로 비싼 편이라는 거였죠. 왜냐하면 구축이지만 인테리어가 잘 된 집이었기 때문이죠. 그래도 협상을 시도하지 않기는 좀 서운하죠?

"2,000만 원 깎아주시면, 집 안 보고 지금 바로 계약하겠습니다!"

엘구파파 님의 자신감 넘치는 말에 중개사님은 살짝 당황하셨죠. 그렇게 큰 금액을 깎기는 어렵다는 말씀을 하셨지만 그래도 시도는 해보겠다고 하셨어요. 그렇게 중개사님이 집주인을 설득하시는 동안 동일 단지에 공실인 동일 평형 매물을 둘러보고 오니 이미 두 시간이 훌쩍 넘었더라고요. 아쉬운 만남을 뒤로하고 우리의 첫 임장을 그렇게 마쳤습니다. 이틀 후 마침내 중개사님께서 엘구파파 님께 연락을 주셨다고 해요. 가격 조정에 성공하셨던 것이죠. 솔직하게 2,000만 원은 조금 어려운 느낌이었는데 750만 원은 가능할 것 같다는 이야기를 하셨다고 해요. '오, 예! 그거라도 어디야.' 그렇게 개인 대출과 전세를 레버리지를 활용하신 엘구파파 님은 일산 31평형 구축 아파트를 5억 3,250만 원에 매입하셨고, 실 투자금 2,250만 원이라는 소액으로 부동산 투자에 성공하셨어요! 이 집은 매수한 지 6개월이 지난 24년 12월 현재까지 실거래는 없지만 동일 평형은 6억 5,000만 원의 호가를 보이고 있어요. 무려 1억 1,750만 원의 잠재 수익인 것이죠. 소액투자로 이뤄낸 성과라서 더욱 빛나는 것 같네요. 이건 비밀이지만 엘구파파 님은 차량매각대금과 남은 현금으로 열심히 주식을 사셨다고 합니다. 그리고 앞으로 평생 새 차를 살 일은 없다고 하는 후일담이 전해지고 있네요. ^^

예비역 상사 군인 가족, 서울 성북 대단지 24평형 아파트

서울 성북구는 서울 3대장(강남, 여의도, 광화문) 중 광화문에 출퇴근하시는 분들이 많이 사세요. 여기는 4천 세대가 넘는 대단지 아파트에요. 단지가 큰 만큼 단지 내 상가의 규모도 상당했어요. 마트뿐만 아니라 다양한 학원이 있어서 모든 가족의 만족도가 높아 보였죠. 그리고 단지 내에는 버스 정류장도 십여 개가 있어, 마을버스를 단지 내에서 바로 이용 가능해 편리했어요. 산 중턱에 지어진 아파트 단지라서 경사가 상당해 큰 단점이 될 수도 있었는데요. 셔틀버스처럼 단지 내 곳곳에 마을버스 정류장이 있다 보니 그 단점이 느껴지지 않을 정도였죠. 또한 단지 근처의 지하철 4호선과 경전철 우이신설선이 있어서 서울의 교통난을 해소해 주기 충분했습니다. 게다가 차를 타면 서울 강북지역의 여기저기 금방 갈 수 있는 좋은 입지였어요.

과연 광화문 출퇴근이 쉬운 서울의 4천 세대 이상 대단지 아파트를 매매하는 데에는 얼마가 필요했을까요? 이 아파트를 매수하신 분은 중사로 전역한 예비역 남편을 둔 군인 가족분이에요. 신혼이지만 맞벌이로 일을 하시면서 모아둔 현금 2억 원과 주택담보대출을 활용하셨죠. 이 주택을 매수하기 전에는 신혼부부를 위한 임대주택에 살면서 효과적으로 저축을 하셨어요. 아파트를 사게 되면 어차피 임대아파트에서 나와야 하니까 전세보증금으로 있던 자금까지 활용해서 최고의 아파트를 매수하게 된 것이죠. 이 아파트의 최초 호가는 6억 1,500만 원이었어요. 시세보다 높은 편이었는데요. 대신에 인테리어가 정말 깔끔해서 신축같아 보이는 장점이 있었죠. 사실 이 집의 주인은 신혼부부이셨는데 실거주를 위해 집을 사서 인테리어를 정말 깔끔하게 해 두신 거라고 하더라고요. 그런데 갑자기 지방 발령이 나셔서 집을 산 지 1년 만에 지방으로 이사를 가셔야 하는 바람에 급하게 신혼집을 정리하는 상황이었습니다. 신축 아파트라면 깔끔한 인테리어가 큰 매력이 없었겠죠. 하지만 이 아파트도 준공년차 30년이 다 되어 가는 구축 아파트였어요. 그래서 매수 후에도 세입자를 잘 맞추기 위해서는 깔끔한 인테리어가 필수인데요. 이렇게 이미 인테리어가 다 되어있는 매물은 정말 매력적이죠. 그래서 이 매물은 호가가 좀 높긴 해도 인테리어가 워낙 잘 되어 있어서 인테리어 비용을 고려하면 괜찮은 가격이었어요.

아파트 매매에서는 역시 가격 협상이 빠질 수가 없죠. 이 아파트의 등기를 떼어보니 실제로 소유한 기간은 1년 이내여서 양도소득세로 70%를 납부해야하는 상황이었어요. 이전에 구매하신 금액을 보니 양도차액과 세금을 계산했을 때 800만 원 정도는 깎을 수 있을 것 같았어요. 그래서 이미 급매로 나온 매물임에도 불구하고 가격 조정을 부탁드렸죠. 대신에 300만 원 정도의 중개비를 대신 내주는 조건을 제시했습니다. 항상 '기브 앤 테이크'가 중요해요. 집주인분도 70% 양도세는 부담스러운 요소였기에 결국 800만 원 싼 금액으로 계약서를 쓰셨습니다. 집주인 입장에서는 800만 원이나 싸게 팔았지만 양도세도 줄이면서 중개비 300만 원도 지원받아서 좋았고, 사는 사람도 500만 원이나 싸게 사서 좋은 윈윈 결과였어요.

그렇다면 서울에 투자하신 뭉게구름 님은 투자금이 얼마나 필요하셨을까요? 최종 투자금은 현금 2억 700만 원뿐이었습니다. 나머지 잔금은 주택담보대출로 4억 원의 레버리지를 활용해서 총 6억 700만 원으로 아파트를 구매하셨죠. 그리고 매수계약과 동시에 월세 계약도 진행하면서 현재 그 집에는 보증금 4,000만 원에 월세 150만 원을 내는 세입자가 살고 계세요. 그래서 4억 원 주담대에 대한 원리금 월 161만 원은 월세 150만 원과 상계 처리되어 단돈 11만 원으로 아파트를 보유하게 되셨답니다. 다시 봐도 엄청나네요! 물론 아파트를 보유하게 되면서 기존 임대 아파트에서는 퇴거를 하셔야 했어요. 그래서 기존 보증금 8,000만 원에 월 10만 원이었던 주거비가 월세에 거주하게 되시면서 월 55만 원 수준으로 증가했지만, 이미 서울에 24평형 아파트를 소유하고 계시기 때문에 매우 만족하고 계세요. 이 아파트는 대단지라 그런지 구매하신 지가 3개월밖에 안 지났는데도 불구하고 거래가 많이 있어요. 총 13건의 거래가 있었는데 6억 1,300만 원이 신고가(새로운 가장 높은 가격)네요. 호가는 6억 5,000만 원에 올라와 있어요. 3개월 만에 실거래가 기준 600만 원, 호가 기준 4,300만 원의 잠재 수익을 내게 되신 거죠. 뭉게구름 님은 서울에 집을 가지셨지만 근무지가 지방이어서 지방에 월세로 거주를 하고 계세요. 최고의 선택을 하신 것이죠. 그러나 이와 같은 경우에서 치명적인 실수를 하는 분들이 종종 있으신데요. 바로 지방의 아파트를 구매한 뒤 실거주를 하는 선택입니다. 이와 같은 선택은 매달 납부하는 주택담보대출 원리금 상환액의 금액이 뭉게구름님이 매달 납부하시는 66만 원 보다 더 클 확률이 높을 것 같아요. 결과적으로 매달 내는 금액도 높을 뿐만 아니라 미래의 시세 차액을 예상해 보더라도 지방에 있는 아파트보다 서울에 있는 아파트가 더 높은 상승률을 보이는 것은 당연하죠. 그래서 만약에 직장 등의 사정이 있어서 지방에 거주해야 하는 상황이더라도 부동산 투자는 꼭 서울이나 서울 근교의 수도권에 해야 한다는 말씀을 드리고 싶어요.

다음 성공 사례의 주인공은 당신입니다

제가 현역군인으로 있는 동안 초급간부 처우개선, 주거 환경 개선, 당직 근무비 현실화 등 직접적으로 체감할 수 있는 변화를 만들어 내기는 어려울 것 같습니다. 그렇지만 모든 군인의 자산 증식에 간접적으로 도움을 드려 결과적으로 대한민국의 자유민주주의를 수호하기 위해 헌신하는 모든 군인이 자부심을 가지고 근무하도록 계속 노력할 수는 있죠. 지금 저는 강원도 전방에 거주하고 있어 시공간의 제약이 없는 온라인에서 활동하면서 군인과 군인 가족분들을 만나고 있어요. 하지만 기회가 된다면 전후방 각지에 근무하시는 군인, 군인 가족분들을 직접 만나 뵈면서 인사이트를 나누고 싶습니다. 지금까지 이 글을 읽은 당신도 최고의 아파트 투자를 꿈꾸시나요? 이 책을 보고 오셨다면 누구든 환영합니다. 언제 어디서든 저를 만나고 싶으시다면 여기로 오세요: 네이버 카페 「리치군인」, 네이버 블로그 「자유시간 투자자」, 인스타그램 계정 「자유시간 투자자」.

리치군인 | 차원이 다른 군인 재테크... : 네이...

'군인들의 자산 증식 가속화' '군 복무가 쉽다는 인식의 확산'

https://cafe.naver.com/richsoldiers

자유를 위한 재테크 : 네이버 블로그

유튜브 https://www.youtube.com/@freetime_investor
카페 https://cafe.naver.com/richsoldiers/527?

https://blog.naver.com/freetimeinvestor

Instagram (@freetime_investor)

Instagram photos and videos

https://www.instagram.com/freetime_investor/

리치군인 카페	리치군인 클래스	자유시간 투자자 블로그	자유시간 투자자 인스타그램

| 에필로그 |

긴 시간 제 이야기를 들어주셔서 진심으로 감사드려요. 우리의 현실 세계는 결국 인과율로 모든 것이 풀린다고 봐요. 원인에 따른 결과가 존재하는 것이죠. 시공간 속 현실 세계에서 존재하는 우리는 생각만으로 삶을 바꿀 수 없어요. 왜냐하면 무엇이든 행동으로 이어져야 하기 때문이죠. 아무것도 하지 않으면 아무 일도 일어나지 않습니다. 만약 제 책으로 인해 무언가 확신이 생기셨다면 바로 행동하셔서 그에 따른 성과를 거두시기를 기원합니다. 미래는 우리 스스로가 바꿔나가는 것이라고 생각합니다. 여러분의 행복한 미래를 기원합니다.

| 감사드릴 분들 |

세상에서 장손을 가장 사랑하시는 외할머니, 언제나 아들의 성공을 기원하시는 부모님, 사랑하는 아내, 사랑스러운 두 자녀, 나의 잠재의식에 부동산 재테크를 처음으로 각인시켜 주신 『군인가족 내 집 마련 표류기』의 저자 노영호 님, 아무도 가보지 않은 길을 홀로 헤쳐나가며 모든걸 알려주는 완벽한 길잡이 『군인은 어떻게 부자가 될 수 있을까』의 저자 리치비 님, '부린이' 시절 덜컥 당첨된 원주 아파트 계약을 온몸으로 막아주시고 첫 단추를 잘 채우게 해주신 방탄 노른자 님, 군인이 책을 낼 때 필요한 행정업무를 상세히 알려주신 『히어로 이펙트』의 저자 독서하는 군인 '독하군' 최영웅 님, 같은 목적을 가지고 함께 걸어가는 BOOKEY 회원님들과 3년 만에 내 말을 들어주기 시작한 청춘양구 님, 출간을 응원해 주셨던 부동산 스터디와 경매 스터디에서 함께 공부한 회원님들, 추천사를 작성해 주신 모든 분들, 마지막으로 이 책을 출간하는 데 도움을 주신 어깨 위 망원경 대표 정원우 님과 편집장 민지현 님께 감사드립니다.

8년차 김대위는 어떻게 집 3채를 샀을까?

1판 1쇄 인쇄	2025년 6월 16일
1판 1쇄 발행	2025년 7월 1일
지은이	김지석
펴낸이	정원우
편집	이원석, 민지현
디자인	홍성권
펴낸곳	어깨 위 망원경
출판등록	2021년 7월 6일 (제2021-00220호)
주소	서울시 강남구 강남대로 118길 24 3층
이메일	book@premiumpublish.com
ISBN	979-11-93200-07-0 03320

ⓒ2025, 김지석 All rights reserved.

이 책은 저작권법에 따라 보호받는 저작물이므로 무단전재와 무단복제를 금지하며,
이 책의 내용을 이용하려면 반드시 저작권자와 본사의 서면동의를 받아야 합니다.